Recettes
traditionnelles
de ma
grand-mère

Yolande Chevrier

Recettes traditionnelles
de ma
grand-mère

Saveurs et odeurs
de mon enfance

LES ÉDITIONS
Quebecor
⊕ QUEBECOR MEDIA

**Catalogage avant publication
de Bibliothèque et Archives Canada**

Chevrier, Yolande
    Recettes traditionnelles de ma grand-mère
    (Collection Alimentation)
    ISBN 978-2-7640-1098-3
    1. Cuisine québécoise. I. Titre. II. Collection.

TX715.6.C548 2007   641.59714   C2007-941166-5

© 2007, Les Éditions Quebecor,
une division du Groupe Librex inc.
7, chemin Bates
Montréal (Québec) Canada
H2V 4V7

Dépôt légal: 2007
Bibliothèque et Archives nationales du Québec

Pour en savoir davantage sur nos publications,
visitez notre site: www.quebecoreditions.com

Éditeur: Jacques Simard
Conception de la couverture: Bernard Langlois
Illustration de la couverture: Corbis et Dreamstime
Infographie: Claude Bergeron

Imprimé au Canada

DISTRIBUTEURS EXCLUSIFS:
• Pour le Canada et les États-Unis:
  MESSAGERIES ADP*
  2315, rue de la Province
  Longueuil, Québec J4G 1G4
  Tél.: (450) 640-1237
  Télécopieur: (450) 674-6237
  * une division du Groupe Sogides inc.,
  filiale du Groupe Livre Quebecor Média inc.

• Pour la France et les autres pays:
  INTERFORUM editis
  Immeuble Paryseine, 3, Allée de la Seine
  94854 Ivry CEDEX
  Tél.: 33 (0) 4 49 59 11 56/91
  Télécopieur: 33 (0) 1 49 59 11 33

  **Service commande France
  Métropolitaine**
  Tél.: 33 (0) 2 38 32 71 00
  Télécopieur: 33 (0) 2 38 32 71 28
  Internet: www.interforum.fr

  **Service commandes Export –
  DOM-TOM**
  Télécopieur: 33 (0) 2 38 32 78 86
  Internet: www.interforum.fr
  Courriel: cdes-export@interforum.fr

• Pour la Suisse:
  INTERFORUM editis SUISSE
  Case postale 69 – CH 1701 Fribourg –
  Suisse
  Tél.: 41 (0) 26 460 80 60
  Télécopieur: 41 (0) 26 460 80 68
  Internet: www.interforumsuisse.ch
  Courriel: office@interforumsuisse.ch

  Distributeur: OLF S.A.
  ZI. 3, Corminboeuf
  Case postale 1061 – CH 1701 Fribourg –
  Suisse

  Commandes: Tél.: 41 (0) 26 467 53 33
  Télécopieur: 41 (0) 26 467 54 66
  Internet: www.olf.ch
  Courriel: information@olf.ch

• Pour la Belgique et le Luxembourg:
  INTERFORUM editis BENELUX S.A.
  Boulevard de l'Europe 117,
  B-1301 Wavre – Belgique
  Tél.: 32 (0) 10 42 03 20
  Télécopieur: 32 (0) 10 41 20 24
  Internet: www.interforum.be
  Courriel: info@interforum.be

Gouvernement du Québec – Programme de crédit d'impôt pour l'édition
de livres – Gestion SODEC.

L'Éditeur bénéficie du soutien de la Société de développement des entre-
prises culturelles du Québec pour son programme d'édition.

Nous reconnaissons l'aide financière du gouvernement du Canada par
l'entremise du Programme d'aide au développement de l'industrie de
l'édition (PADIÉ) pour nos activités d'édition.

Sommaire

Retrouver les saveurs et les odeurs d'hier

Il vous est sûrement déjà arrivé d'entrer quelque part, à l'occasion d'une fête ou d'un événement particulier, et de humer tout à coup une odeur qui vous replongeait dans le passé, vous rappelant une recette traditionnelle, une saveur que vous n'aviez pas goûtée depuis longtemps, très longtemps. Vous savez, ce genre de moments où, l'espace d'un instant, le décor s'estompe autour de vous : vous n'êtes plus là où vous êtes censé être, mais vous vous retrouvez vingt, trente ou quarante ans en arrière, dans la cuisine de votre mère ou de votre grand-mère, là où cette odeur de plats mijotés vous ravissait déjà.

Cette cuisine familiale traditionnelle ne pourrait plus être celle d'aujourd'hui, nos activités n'étant plus les mêmes, nos besoins calorifiques non plus. Et puis, à l'époque, cette cuisine était aussi dictée par l'accès aux aliments : la variété dont nous disposions alors était combien plus restreinte qu'elle ne l'est aujourd'hui, alors que des centaines, voire des milliers, d'aliments frais différents nous arrivent de partout dans le monde. Nos goûts également ont évolué.

De plus, avec les nouvelles connaissances médicales, notamment en ce qui concerne les effets nocifs des graisses et des sucres sur l'organisme, il serait impensable aujourd'hui de manger des aliments aussi riches et gras que le faisaient tous les jours nos grands-parents. De toute façon, nos dépenses énergétiques ne sont plus les mêmes et nous aurions du mal, bien installés derrière nos ordinateurs, à éliminer ces excès de calories.

En revanche, il serait dommage que nous perdions tout souvenir de la cuisine familiale d'autrefois, faite sans prétention, avec les ingrédients que chacun avait sous la main, souvent aussi avec des «restants» de la veille. Cette cuisine, n'en déplaise à certains, a toujours sa place non seulement dans nos livres, mais aussi dans nos assiettes. Il suffit simplement de savoir faire la part des choses.

Voilà, tout est dit. Tout? Bien sûr que non. Pour vous convaincre de vous y remettre, finalement, je parodierai un géant de la malbouffe, en vous disant: «Une petite tarte à la farlouche avec ça?»

À vous maintenant de retourner à vos fourneaux!

Vous pouvez tout de même, si vous désirez «alléger» les recettes, remplacer la graisse et le beurre de cuisson par de l'huile végétale, la graisse et le beurre comme ingrédients par de la margarine. Pour les recettes comportant un produit «maison», reportez-vous à la section «Les bases» pour en connaître la recette.

Les bases

Bouillon de bœuf maison

Donne 1 litre

Ingrédients

1,25 litre d'eau

1 carotte moyenne, en rondelles

1 branche de céleri, en tranches

1 oignon moyen, en cubes

1 kg d'os de bœuf

5 ml de persil haché

Sel et poivre, au goût

Préparation

Dans une casserole, déposez tous les ingrédients et faites cuire 2 heures à feu doux. Coulez et ajoutez le persil. Salez et poivrez au goût. Conservez le bouillon au réfrigérateur.

Si vous le désirez, vous pouvez le dégraisser lorsqu'il est froid.

Bouillon de poulet maison
Donne 1 litre

Ingrédients

1,25 litre d'eau
1 carotte moyenne, en rondelles
1 branche de céleri, en tranches
1 oignon moyen, en cubes
1 carcasse de gros poulet
Sel et poivre, au goût

Préparation

Dans une casserole, déposez tous les ingrédients et faites cuire 2 heures à feu doux. Coulez et conservez le bouillon au réfrigérateur.

Si vous le désirez, vous pouvez le dégraisser lorsqu'il est froid.

Glace au sirop d'érable

Pour un jambon ou un rôti de porc

Ingrédients

250 ml de sirop d'érable
500 ml de gelée de canneberge

Préparation

Dans une casserole, mélangez les ingrédients et faites cuire 3 minutes à feu moyen. Versez sur le jambon cuit ou le rôti de porc.

Marinade pour le porc

Ingrédients

125 ml de ketchup
125 ml de cassonade
60 ml de vinaigre blanc
60 ml de sauce aux ananas
60 ml de sauce aux cerises
60 ml de sauce soya
2 gousses d'ail, hachées
Poivre, au goût

Préparation

Dans un bol, mélangez tous les ingrédients. Enrobez-en votre porc.

Réfrigérez 2 heures avant de faire cuire.

Marinade pour la volaille

Ingrédients

250 ml d'huile d'olive
60 ml de jus de citron
1 échalote, hachée
Une pincée de thym
Une pincée de poivre

Préparation

Dans un bol, mélangez tous les ingrédients. Enrobez-en vos morceaux de volailles. Réfrigérez 1 heure avant de faire cuire.

Attention : ne laissez pas mariner plus de 2 heures pour ne pas altérer la texture de la viande.

Pâte à tarte sucrée
Donne 8 abaisses

Ingrédients

250 ml de sucre à glacer
1 œuf
1 goutte de vanille
180 ml de beurre
180 ml de graisse
1 litre de farine

Préparation

Mélangez le sucre, l'œuf, la vanille, le beurre et la graisse ; ajoutez la farine et incorporez bien. Réfrigérez.

Pâte mi-feuilletée

Donne 8 abaisses

Ingrédients

750 ml de farine

2,5 ml de sel

250 ml de shortening végétal

Préparation

Dans un bol, tamisez la farine et le sel. Divisez le shortening en deux parties égales ; réservez-en une au réfrigérateur. Incorporez l'autre moitié à la farine en la coupant finement. Humectez avec de l'eau, de façon que la pâte se tienne en boule. Roulez à 0,5 cm d'épaisseur sur une planche légèrement farinée.

Prenez la partie mise de côté et coupez-la en petits morceaux. Parsemez le feuillet de pâte. Saupoudrez de farine et pliez pour faire entrer le plus d'air possible. Rouler à 0,5 cm d'épaisseur, parsemez le dessus des morceaux de shortening qui restent, saupoudrez légèrement de farine et pliez à nouveau.

Enveloppez la pâte et gardez-la au réfrigérateur jusqu'à son utilisation.

Sauce béchamel
Donne 500 ml

Ingrédients

1 oignon moyen, haché
75 ml de beurre
75 ml de farine
250 ml de lait
Sel et poivre, au goût

Préparation

Dans une casserole, faites chauffer le beurre à feu moyen et faites-y revenir l'oignon jusqu'à ce qu'il soit transparent. Ajoutez la farine et brassez. Réduisez le feu et ajoutez le lait ; salez et poivrez au goût.

Faites cuire à feu très doux, en brassant constamment au fouet, jusqu'à ce que la sauce atteigne le point d'ébullition (sans la laisser bouillir). Retirez du feu.

Vous pouvez servir cette sauce sur du poisson ou des légumes, ou l'utiliser pour la sauce aux œufs.

Les chutneys, ketchups, confitures et marmelades

Chutney du jardin

Donne 4 pots de 500 ml

Ingrédients

3 oignons, en morceaux

3 pêches fraîches, pelées, en morceaux

3 pommes, pelées, en morceaux

3 poires, pelées, en morceaux

3 tomates, en morceaux

1 poivron vert, en morceaux

1 poivron rouge, en morceaux

1 poivron jaune, en morceaux

1 pied de céleri, en morceaux

250 ml de sucre

250 ml de vinaigre

30 ml d'épices à marinades, dans une mousseline

Préparation

Dans une casserole, déposez tous les ingrédients. Portez à ébullition, puis laissez mijoter à feu doux jusqu'à ce que le liquide épaississe un peu ou jusqu'à ce que les légumes soient cuits mais encore légèrement croustillants. Retirez la mousseline contenant les épices.

Versez dans les pots stérilisés.

Chutney aux betteraves
Donne 4 pots de 500 ml

Ingrédients

2 kg de betteraves

4 pommes, pelées, en morceaux

2 oignons, hachés

2 gousses d'ail, hachées

250 ml de vinaigre

30 ml d'épices à marinades, dans une mousseline

250 ml de sucre

50 ml de raisins secs

Préparation

Faites cuire les betteraves dans l'eau bouillante pendant une trentaine de minutes, égouttez bien et laissez refroidir. Pelez et coupez en cubes. Réservez.

Dans une casserole, déposez les pommes, l'oignon, l'ail, le vinaigre et les épices à marinades. Portez à ébullition, puis faites mijoter à feu doux 15 minutes. Ajoutez les betteraves, le sucre et les raisins secs, et continuez la cuisson pendant 15 minutes. Retirez la mousseline contenant les épices.

Versez dans les pots stérilisés.

Confiture à la citrouille

Donne 4 pots de 500 ml

Ingrédients

2 kg de pulpe de citrouille, en dés
500 ml de sucre blanc
500 ml de cassonade
2,5 ml de cannelle

Préparation

Dans une casserole, déposez la citrouille, couvrez et faites cuire à feu doux pendant 1 heure ou jusqu'à ce que la pulpe soit tendre. Ajoutez le sucre, la cassonade et la cannelle, et continuez la cuisson jusqu'à ce que la préparation se détache du chaudron.

Versez dans les pots stérilisés.

Ketchup à la rhubarbe

Donne 4 pots de 500 ml

Ingrédients

1 kg de rhubarbe, en dés
1 boîte de tomates (625 ml)
500 ml d'oignons, émincés
375 ml de vinaigre
250 ml de cassonade
250 ml de sucre blanc
10 ml de sel fin
5 ml de cannelle
5 clous de girofle
30 ml d'épices à marinades, dans une mousseline

Préparation

Dans une casserole, déposez tous les ingrédients et faites mijoter pendant 1 heure ou jusqu'à ce que la rhubarbe soit bien cuite. Retirez la mousseline contenant les épices.

Versez dans les pots stérilisés.

Ketchup au maïs

Donne 4 pots de 500 ml

Ingrédients

500 ml de vinaigre
125 ml de sucre blanc
125 ml de cassonade
30 ml d'épices mélangées
2 kg de grains de maïs, écrasés
3 gros oignons, hachés

Préparation

Dans une casserole, déposez le vinaigre, le sucre, la cassonade et les épices mélangées, et portez à ébullition. Ajoutez le maïs et l'oignon. Faites mijoter pendant 1 heure ou jusqu'à ce que le maïs soit bien cuit.

Versez dans les pots stérilisés.

Relish d'automne

Donne 4 pots de 500 ml

Ingrédients

500 ml de concombres, hachés

500 ml d'oignons, hachés

250 ml de tomates vertes, hachées

250 ml de tomates rouges, hachées

250 ml de chou, haché

125 ml de poivron vert, haché

125 ml de poivron jaune, haché

125 ml de poivron rouge, haché

180 ml de gros sel

500 ml de vinaigre blanc

500 ml de sucre

10 ml de paprika

2,5 ml de curcuma

Préparation

Dans un grand plat, déposez tous les légumes et saupoudrez-y du gros sel. Laissez dégorger toute la nuit. Rincez et égouttez, en pressant bien pour extraire tout le liquide. Déposez dans une casserole, ajoutez le vinaigre, le sucre, le paprika et le curcuma. Portez à ébullition, puis faites cuire lentement pendant 1 heure.

Versez dans les pots stérilisés.

Relish aux tomates rouges

Donne 4 pots de 500 ml

Ingrédients

1 kg de tomates rouges bien mûres, pelées, en dés
500 ml de céleri, en dés
6 gros oignons, en dés
1 gros poivron vert, en dés
1 gros poivron jaune, en dés
180 ml de gros sel
500 ml de sucre blanc
500 ml de vinaigre blanc
60 ml de graines de moutarde

Préparation

Dans un sac de coton, déposez tous les légumes et le gros sel, et laissez égoutter toute la nuit. Retirez du sac et mettez dans un bol. En mélangeant bien, ajoutez le sucre, le vinaigre et les graines de moutarde.

Versez dans les pots stérilisés.

Marmelade de carottes et de rhubarbe

Donne 4 pots de 500 ml

Ingrédients

1 citron
2 oranges
1 kg de carottes, râpées
1 kg de rhubarbe, en dés
180 ml d'eau
1,25 kg de sucre dilué dans 310 ml d'eau

Préparation

Pelez le citron et l'orange, et tranchez finement leur zeste. Réservez.

Coupez la pulpe du citron et des oranges en morceaux et déposez-les dans une casserole. Ajoutez les carottes, la rhubarbe, les zestes et l'eau. Couvrez et faites mijoter pendant 15 minutes ou jusqu'à ce que la rhubarbe soit tendre. Égouttez.

Dans une casserole, faites chauffer doucement le sucre jusqu'à sa dissolution; ajoutez les fruits et portez à ébullition, en remuant constamment pour épaissir, environ 20 minutes.

Versez dans les pots stérilisés.

Marmelade de pommes
Donne 4 pots de 500 ml

Ingrédients

1 citron

1 orange

2 kg de pommes, pelées, tranchées finement

180 ml d'eau

1,25 kg de sucre dilué dans 310 ml d'eau

Préparation

Pelez le citron et l'orange, et tranchez finement leur zeste. Réservez.

Coupez la pulpe du citron et de l'orange en morceaux et déposez-la dans une casserole. Ajoutez les pommes, les zestes et l'eau. Couvrez et laissez mijoter pendant 15 minutes ou jusqu'à ce que les pommes soient tendres. Égouttez.

Dans une casserole, faites chauffer doucement le sucre jusqu'à sa dissolution; ajoutez les fruits et portez à ébullition, en remuant constamment pour épaissir, environ 20 minutes.

Versez dans les pots stérilisés.

Les « à-côtés »

Boudin maison

Ingrédients

1,25 litre de sang

625 ml de lait

2,5 ml d'épices mélangées

1 oignon, émincé

7,5 ml de sel

200 ml de panne de porc, finement hachée

Préparation

Préchauffez le four à 180 °C.

Mélangez d'abord le sang, le lait, les épices mélangées, l'oignon, le sel et la panne de porc, puis déposez environ 2,5 cm de cette préparation dans une lèchefrite graissée.

Faites cuire au four de 20 à 25 minutes (jusqu'à ce que le centre soit pris). Laissez refroidir, puis coupez en carrés.

Attention à ce que le boudin ne bout pas afin qu'il soit lisse. S'il commence à frémir, c'est sans doute que le four est trop chaud, réduisez la température.

Couronne de Noël

Ingrédients

1 paquet de Jello à la lime
250 ml d'eau chaude
180 ml d'eau froide
30 ml de vinaigre
180 ml de mayonnaise
3 ml de sel
3 ml de graines de céleri
Une pincée de poivre
250 ml de chou vert, râpé
250 ml de chou rouge, râpé
20 ml d'oignons, hachés

Préparation

Dans un bol, faites dissoudre la gélatine dans l'eau chaude, puis ajoutez l'eau froide et laissez prendre jusqu'à la consistance d'un sirop épais. Ajoutez le vinaigre, la mayonnaise, le sel, les graines de céleri et le poivre, en battant légèrement. Ajoutez le chou vert et le chou rouge, puis l'oignon, et déposez dans un moule en forme de couronne.

Réfrigérez jusqu'à la prise complète de la gélatine, puis servez.

Cretons de chez nous

Ingrédients

> 500 g de lard salé
> 1/2 gousse d'ail
> 60 ml d'oignons, hachés finement
> 125 g de rognons, hachés
> 350 g de porc haché, maigre
> Épices, sel et poivre au goût

Préparation

Coupez le lard salé en cubes, ajoutez l'ail et l'oignon, et faites dorer dans une casserole. Ajoutez ensuite les rognons et le porc haché, ainsi que les épices, le sel et le poivre. Couvrez d'eau et laissez mijoter environ 6 heures.

Versez dans de petits contenants et placez-les au réfrigérateur.

Galantine au jambon

Ingrédients

2 œufs cuits durs, tranchés
750 ml de jambon cuit, en dés
30 ml d'échalote, hachée
Une pincée de poivre
Une pincée de muscade
Une pincée de persil
60 ml de gélatine sans saveur
125 ml d'eau froide
60 ml de ketchup
60 ml de bouillon de poulet

Préparation

Dans un moule, étagez les tranches d'œufs, le jambon et l'échalote. Assaisonnez légèrement, puis répétez l'opération en alternant les rangs. Réservez.

Dans un bol, laissez gonfler la gélatine dans l'eau pendant environ 5 minutes. Dans un autre bol, mélangez le ketchup et le bouillon de poulet, réchauffez légèrement, puis ajoutez la gélatine.

Versez dans le moule. Laissez bien prendre avant de servir.

La galantine peut être présentée sur une feuille de laitue ou d'épinard.

Galantine au poulet

Ingrédients

60 ml de gélatine sans saveur

125 ml d'eau froide

1 litre de bouillon de poulet, chaud

750 ml de poulet cuit, en dés

250 ml de céleri, haché

30 ml de poivron vert, en dés

30 ml de poivron jaune, en dés

Préparation

Dans un bol, laissez gonfler la gélatine dans l'eau pendant environ 5 minutes. Incorporez le bouillon de poulet et laissez refroidir jusqu'à ce que le mélange commence à figer. Ajoutez le poulet, le céleri et les poivrons.

Versez dans de petits moules. Laissez bien prendre avant de servir.

La galantine peut être présentée sur une feuille de laitue ou une tranche d'ananas.

Mousse au jambon

Ingrédients

1 enveloppe de gélatine sans saveur
180 ml de bouillon de poulet, froid
30 ml d'échalote, hachée
300 ml de jambon cuit, en dés
60 ml de céleri, haché
60 ml de pacanes, hachées
125 ml de mayonnaise
125 ml de crème épaisse, fouettée

Préparation

Dans une casserole, déposez la gélatine et la moitié du bouillon de poulet. En brassant, faites chauffer à feu doux jusqu'à la dissolution de la gélatine. Retirez du feu et incorporez le reste du bouillon et l'échalote.

Réfrigérez jusqu'à ce que la gélatine soit légèrement prise, puis incorporez tous les autres ingrédients. Versez dans un moule.

Réfrigérez au moins 1 heure avant de servir.

Œufs dans le vinaigre

Pour 6 œufs

Ingrédients

6 œufs
300 ml de vinaigre
300 ml d'eau
1/2 feuille de laurier
1 gousse d'ail

Préparation

Faites cuire les œufs durs, retirez-en l'écaille et placez-les dans un bocal. Ajoutez le vinaigre, l'eau, le laurier et l'ail, en prenant soin que le liquide recouvre les œufs.

Laissez mariner pendant 12 heures.

Pâté de foie gras à la mode de chez nous

Donne 4 pots de 250 ml

Ingrédients

2 tranches de bacon, en dés

1 gros oignon

2 kg de foie de veau

500 g de lard haché

2 jaunes d'œufs

2 blancs d'œufs, montés en neige

30 ml d'épices mélangées

2,5 ml de poivre

500 ml de lard salé entrelardé, en dés

Préparation

Préchauffez le four à 180 °C.

Dans une poêle, faites revenir le bacon et l'oignon, et versez dans un bol. Ajoutez tous les autres ingrédients, sauf le lard salé entrelardé. Mélangez bien.

Tapissez le fond d'un moule avec la moitié du lard salé entrelardé, versez la préparation dessus, puis tapissez le dessus avec l'autre moitié du lard. Faites cuire au four pendant 2 heures.

Laissez refroidir avant de démouler.

Salade de riz

Pour 4 à 6 personnes

Ingrédients

750 ml de riz cuit

125 ml de céleri, en dés

125 ml de radis, en dés

125 ml de poivron rouge, en dés

125 ml d'échalote, hachée

15 ml de persil frais, haché

Pour la vinaigrette

90 ml d'huile

30 ml de vinaigre

1 gousse d'ail, hachée finement

Sel et poivre, au goût

Préparation

Déposez tous les ingrédients dans un bol.

Dans un autre bol, mélangez l'huile, le vinaigre, l'ail, le sel et le poivre. Versez sur le riz et brassez jusqu'à ce que tout le riz soit imbibé d'huile.

Réfrigérez au moins 1 heure avant de servir.

Tartinade au fromage

Donne 4 pots de 250 ml

Ingrédients

500 g de fromage à tartiner

500 g de beurre

250 ml de mayonnaise

125 ml de poireau, haché finement

125 ml de céleri, haché finement

1 échalote, hachée

1 gousse d'ail, hachée

Une pincée de sel

Une pincée de poivre

Préparation

Dans un bol, mélangez bien tous les ingrédients. Réfrigérez.

Servez sur des biscottes.

Tête fromagée

Ingrédients

- 1 tête de porc
- 1 patte de porc
- 3 oignons
- Sel de céleri
- Clous de girofle
- Sel et poivre

Préparation

Une fois la tête et la patte de porc bien lavées, couvrez-les d'eau froide; assaisonnez, puis faites cuire pendant environ 2 heures ou jusqu'à ce que la viande se détache des os.

Retirez du chaudron, désossez et coupez en fins morceaux. Reversez dans le bouillon coulé et chaud.

Enfin, versez dans des moules rincés à l'eau froide et laissez prendre au réfrigérateur.

Les crèmes, soupes et potages

Chaudrée de palourdes
Pour 4 personnes

Ingrédients

125 ml de céleri, en dés

125 ml d'oignons, hachés

125 ml de beurre

45 ml de farine

500 ml de lait

125 ml de crème à 35 %

30 ml de bouillon de poulet en poudre

300 g de palourdes en boîte, avec leur jus

500 ml de pommes de terre, précuites

Sel et poivre, au goût

Préparation

Dans une poêle, faites sauter le céleri et l'oignon dans le beurre jusqu'à ce qu'ils soient tendres. Ajoutez la farine, le lait, la crème et le bouillon de poulet. Mélangez bien. Ajoutez les palourdes et les pommes de terre.

Tout en brassant, faites cuire sur le poêle à feu moyen, jusqu'à ce que le mélange épaississe suffisamment, en prenant garde à ne pas laisser bouillir. Salez et poivrez au goût.

Chaudrée hivernale
Pour 4 personnes

Ingrédients

30 ml de beurre

30 ml de cassonade

125 ml de céleri, en dés

125 ml de carottes, en dés

125 ml de panais, en dés

125 ml de pommes de terre, en dés

125 ml d'oignons, hachés

1 litre de bouillon de bœuf

125 ml de crème de tomates

5 ml de moutarde à l'ancienne

1 feuille de laurier

Sel et poivre, au goût

5 ml de persil séché

Préparation

Dans une casserole, faites chauffer doucement le beurre et la cassonade, jusqu'à ce que celle-ci soit fondue. Ajoutez le céleri, les carottes, le panais, les pommes de terre et l'oignon.

Faites caraméliser et ajoutez le bouillon de bœuf, la crème de tomates, la moutarde et la feuille de laurier. Salez et poivrez au goût. Portez à ébullition, réduisez le feu et couvrez. Laissez mijoter 30 minutes.

Versez dans les bols et persillez.

Crème de courges

Pour 4 personnes

Ingrédients

1 litre de bouillon de poulet

500 ml de courges, coupées

125 ml de carottes, coupées

60 ml de céleri, coupé

60 ml d'oignons, coupés

250 ml de lait

Sel et poivre, au goût

Préparation

Dans une casserole, déposez le bouillon de poulet, les courges, les carottes, le céleri et l'oignon. Faites mijoter 40 minutes à feu moyen.

Passez au mélangeur jusqu'à l'obtention d'une texture homogène. Ajoutez le lait et faites réchauffer. Salez et poivrez au goût.

Crème de poireaux

Pour 4 personnes

Ingrédients

1 litre de bouillon de poulet
500 ml de poireaux, coupés
125 ml de céleri, coupé
125 ml d'oignons, coupés
90 ml de beurre fondu
90 ml de farine
250 ml de lait
Sel et poivre, au goût

Préparation

Dans une casserole, déposez le bouillon de poulet, les poireaux, le céleri et l'oignon. Faites cuire 40 minutes à feu moyen.

Dans un bol, mélangez le beurre, la farine et environ 250 ml de bouillon prélevé dans le chaudron. Reversez dans le chaudron, ajoutez le lait et faites cuire encore 15 minutes.

Passez au mélangeur jusqu'à l'obtention d'une texture homogène. Salez et poivrez au goût.

Crème de pommes de terre
Pour 4 personnes

Ingrédients

1 litre de bouillon de poulet

500 ml de pommes de terre, pelées, en dés

125 ml de poireaux, coupés

125 ml d'oignons, coupés

250 ml de lait

5 ml de ciboulette fraîche, hachée

Sel et poivre, au goût

Préparation

Dans une casserole, déposez le bouillon de poulet, les pommes de terre, les poireaux et l'oignon. Faites mijoter 40 minutes à feu moyen, puis ajoutez le lait et la ciboulette.

Passez au mélangeur jusqu'à l'obtention d'une texture homogène. Salez et poivrez au goût.

Crème de tomates

Pour 4 personnes

Ingrédients

1 litre de bouillon de poulet

500 ml de tomates en boîte

125 ml de céleri, coupé

125 ml d'oignons, coupés

1 pomme de terre moyenne, pelée, en morceaux

250 ml de lait

Sel et poivre, au goût

Préparation

Dans une casserole, déposez le bouillon de poulet, les tomates, le céleri, l'oignon et les pommes de terre. Faites mijoter 40 minutes à feu moyen et ajoutez le lait.

Passez au mélangeur jusqu'à l'obtention d'une texture homogène. Salez et poivrez au goût.

Potage aux carottes et aux pommes de terre
Pour 4 personnes

Ingrédients

1 litre de bouillon de légumes

750 ml de carottes, en rondelles

750 ml de pommes de terre, en dés

250 ml d'oignons rouges, en dés

2 gousses d'ail

20 ml de jus de citron

2,5 ml de quatre-épices

Sel et poivre, au goût

Préparation

Versez le bouillon de légumes, les carottes, les pommes de terre, l'oignon rouge et les gousses d'ail dans une casserole. Faites mijoter jusqu'à ce que les légumes soient tendres.

Passez au mélangeur (avec le jus de cuisson) jusqu'à l'obtention d'une texture homogène. Remettez dans le chaudron, ajoutez le jus de citron et le quatre-épices. Salez et poivrez au goût. Portez à ébullition et retirez du feu.

Potage au chou-fleur

Pour 4 personnes

Ingrédients

375 ml de chou-fleur, en bouquets
125 ml de poireaux, coupés
30 ml de beurre
250 ml de céleri, haché
125 ml d'oignons, hachés
60 ml de farine
1 litre de bouillon de poulet
250 ml de lait
Sel et poivre, au goût

Préparation

Faites cuire le chou-fleur et le poireau dans de l'eau bouillante.

Dans une poêle, faites chauffer le beurre et faites-y revenir le céleri et l'oignon. Ajoutez la farine et cuisez quelques minutes, en brassant. Ajoutez le bouillon de poulet ainsi que le chou-fleur et les poireaux, et laissez cuire encore 5 minutes.

Passez au mélangeur jusqu'à l'obtention d'une texture homogène. Ajoutez le lait et faites réchauffer. Salez et poivrez au goût.

Potage du jardin
Pour 4 personnes

Ingrédients

30 ml de beurre

375 ml de pommes de terre, émincées

125 ml de poireaux, émincés

60 ml de carottes, émincées

125 ml d'oignons, hachés

125 ml de céleri, haché

60 ml de pomme, émincée

1 litre de bouillon de poulet

250 ml de lait

Sel et poivre, au goût

Préparation

Dans une casserole, faites chauffer le beurre et faites-y revenir légèrement les pommes de terre, les poireaux, les carottes, l'oignon, le céleri et la pomme. Ajoutez le bouillon de poulet et laissez mijoter une trentaine de minutes ou jusqu'à ce que les légumes soient bien cuits.

Passez au mélangeur jusqu'à l'obtention d'une texture homogène. Ajoutez le lait et faites réchauffer. Salez et poivrez au goût.

Soupe à la morue

Pour 4 personnes

Ingrédients

1 filet de morue

1 noix de beurre

60 ml d'oignons, tranchés

250 ml d'eau

125 ml de céleri, haché

250 ml de pommes de terre crues, coupées en dés

500 ml de lait

Sel et poivre, au goût

Préparation

Dans une casserole, faites dorer l'oignon dans le beurre. Ajoutez l'eau, le céleri et les pommes de terre. Laissez cuire quelques minutes avant d'ajouter le poisson. Salez et poivrez au goût.

Lorsque la soupe est cuite, ajoutez le lait froid et faites bouillir à nouveau. Servez très chaud.

Soupe au chou
Pour 4 personnes

Ingrédients

30 ml d'huile
75 ml de poireaux, hachés
1 oignon moyen, haché
175 ml de céleri, émincé
1 litre de bouillon de bœuf
125 ml de carottes, râpées
1,25 litre de chou, râpé
1 feuille de laurier
Sel et poivre, au goût
Persil

Préparation

Dans une casserole, dorez les poireaux, l'oignon et le céleri dans l'huile pendant une quinzaine de minutes ; ajoutez le bouillon et les autres ingrédients, assaisonnez et laissez mijoter une trentaine de minutes.

Ajoutez le persil tout juste avant de servir.

Soupe au fromage cheddar

Pour 4 personnes

Ingrédients

30 ml de beurre

125 ml d'oignons, hachés

125 ml de carottes, râpées

125 ml de céleri, émincé

60 ml de farine

1 litre de bouillon de bœuf

250 ml de fromage cheddar, râpé

500 ml de lait

Sel et poivre, au goût

Préparation

Dans une casserole, faites chauffer le beurre et faites-y revenir l'oignon, les carottes et le céleri. Incorporez la farine. Ajoutez le bouillon de bœuf, et brassez jusqu'à l'obtention d'une texture homogène. Incorporez le fromage et le lait. Faites réchauffer quelques minutes. Salez et poivrez au goût.

Soupe aux haricots verts

Pour 4 personnes

Ingrédients

750 ml de haricots verts, coupés

250 ml de carottes, en rondelles

250 ml d'oignons, en dés

120 ml de céleri, ciselé

750 ml de bouillon de bœuf

500 ml de lait

Sel et poivre, au goût

Préparation

Dans une casserole, déposez les haricots, les carottes, l'oignon, le céleri, et couvrez avec le bouillon de bœuf. Faites mijoter jusqu'à ce que les haricots soient tendres. Ajoutez le lait et faites chauffer doucement quelques minutes. Salez et poivrez au goût.

Soupe aux légumes

Pour 4 personnes

Ingrédients

125 ml de carottes

125 ml de navet

60 ml de céleri

60 ml d'oignons

125 ml de tomates

30 ml d'huile

750 ml de bouillon de bœuf

Sel et poivre, au goût

Persil haché, au goût

Préparation

Coupez les légumes en petits cubes et faites-les revenir dans l'huile jusqu'à ce qu'ils soient tendres. Ajoutez le bouillon de bœuf, salez et poivrez à votre goût, et laissez mijoter une vingtaine de minutes.

Ajoutez le persil avant de servir.

Soupe aux légumes et à l'orge

Pour 4 personnes

Ingrédients

1 litre de bouillon de bœuf
90 ml d'orge
125 ml de carottes, en dés
125 ml de céleri, en dés
125 ml de navet, en dés
125 ml d'oignons, hachés
1 boîte (500 ml) de tomates entières
Sel et poivre, au goût

Préparation

Dans une casserole, déposez le bouillon de bœuf et l'orge, et faites mijoter pendant une trentaine de minutes. Ajoutez les carottes, le céleri, le navet et l'oignon, et faites cuire encore une trentaine de minutes.

Ajoutez les tomates, salez et poivrez au goût, et laissez mijoter quelques minutes, le temps que les tomates soient chaudes.

Les plats principaux

Bœuf au ketchup

Pour 4 à 6 personnes

Ingrédients

30 ml de beurre
1 kg de bœuf, en lanières de 1,5 cm
1 gros oignon, haché
Eau
500 ml de ketchup
30 ml de sauce soya
Une pincée de thym
Sel et poivre, au goût
500 ml de carottes, en dés
500 ml de céleri, en dés
250 ml de chou, haché

Préparation

Dans une casserole, faites chauffer le beurre et faites-y revenir le bœuf et l'oignon, jusqu'à ce qu'ils soient bien dorés. Ajoutez de l'eau à égalité de la viande, puis le ketchup, la sauce soya et le thym. Salez et poivrez au goût. Faites cuire 1 heure à feu doux.

Ajoutez les légumes et continuez la cuisson jusqu'à ce qu'ils soient cuits, mais encore croquants.

Bœuf aux légumes

Pour 4 à 6 personnes

Ingrédients

1 kg de bœuf en cubes, dans l'épaule

125 g de lard salé entrelardé, en cubes

5 ml de sucre

60 ml de farine

5 ml de sel et de poivre

3 oignons, en quartiers

1 feuille de laurier

Eau

6 pommes de terre moyennes

8 carottes

3 branches de céleri

Navet, au goût

Préparation

Dans une casserole, faites fondre les cubes de lard et saisir la viande. En brassant, ajoutez le sucre et la farine. Faites dorer. Ajoutez le sel, le poivre, l'oignon en quartiers et la feuille de laurier. Recouvrez d'eau chaude et laissez cuire à feu doux environ 2 heures.

Ajoutez les légumes (pommes de terre, carottes, céleri et navet) après la première heure de cuisson.

Bœuf aux tomates
Pour 4 à 6 personnes

Ingrédients

30 ml de beurre

1 kg de rôti de palette de bœuf

250 ml de bouillon de poulet

125 ml de bouillon de bœuf

250 ml d'oignons, hachés

250 ml de courgettes, en gros morceaux

250 ml de carottes, en rondelles

125 ml de champignons, tranchés

125 ml de poivron vert, en dés

125 ml de céleri, en dés

1 boîte (796 ml) de tomates aux fines herbes, en dés,
avec le jus

2,5 ml de poivre rouge

Une pincée de sucre

Sel et poivre, au goût

Préparation

Dans une casserole, faites chauffer le beurre et saisir le rôti
de bœuf, quelques minutes de chaque côté. Ajoutez le reste
des ingrédients. Couvrez et faites cuire à feu doux pendant
1 1/2 heure.

Retirez le rôti, tranchez-le et remettez les tranches dans
le chaudron. Laissez mijoter pendant 10 minutes, à découvert.

Bœuf canadien

Pour 4 à 6 personnes

Ingrédients

1 kg de bœuf en cubes
30 ml d'huile d'olive
125 ml d'oignons, coupés fin
125 ml de céleri
125 ml de carottes, en rondelles
60 ml de champignons, tranchés
1 feuille de laurier
5 ml de sel
125 ml de tomates, en purée
175 ml de bouillon de bœuf
250 ml de vin rouge

Préparation

Préchauffez le four à 150 °C.

Dans une casserole, faites revenir le bœuf dans l'huile ; ajoutez les légumes. Mélangez bien les tomates en purée, le vin et le bouillon, et versez sur la viande. Couvrez et laissez cuire au four pendant 2 1/2 heures.

Boucles de porc

Pour 4 à 6 personnes

Ingrédients

250 ml de bouillon de bœuf

250 ml de bouillon de poulet

1 boîte de 796 ml de tomates, en dés, avec le jus

500 g de porc haché

125 ml d'oignons, hachés

125 ml d'échalotes, hachées

5 ml d'origan

500 ml de grosses boucles, non cuites

Sel et poivre, au goût

250 ml de fromage mozzarella, râpé

Préparation

Préchauffez le four à 200 °C.

Dans une casserole, portez à ébullition les bouillons, auxquels vous aurez ajouté les tomates, le porc haché, l'oignon, les échalotes et l'origan. Ajoutez les coquilles en remuant délicatement. Couvrez et faites cuire à feu doux pendant 15 minutes. Salez et poivrez au goût.

Déposez dans un plat allant au four et saupoudrez de fromage. Faites cuire au four jusqu'à ce que le fromage soit fondu.

Bouilli

Pour 4 à 6 personnes

Ingrédients

250 g de lard salé, en cubes

400 g de bœuf

1 petit oignon, coupé en deux

1 litre d'eau bouillante

400 g de haricots jaunes (facultatif)

6 pommes de terre, en morceaux

3 carottes, en rondelles

1/2 navet moyen, en morceaux

1 branche de céleri

1/2 chou, en morceaux

1 feuille de laurier

Sel et poivre, au goût

Préparation

Dans une casserole d'eau bouillante, déposez la viande (le bœuf et le lard) et l'oignon, puis faites mijoter environ 15 minutes. Ajoutez les autres légumes ; assaisonnez et laissez mijoter jusqu'à ce qu'ils soient bien tendres. Ajoutez de l'eau au besoin.

Boulettes de porc et de bœuf

Pour 4 à 6 personnes

Ingrédients

500 g de porc haché

500 g de bœuf haché

125 ml d'oignons, hachés

250 ml de riz cuit

60 ml de chapelure

30 ml de ketchup

30 ml de sauce chili

2 œufs

Sel et poivre, au goût

125 ml de farine

500 ml de bouillon de poulet

500 ml de bouillon de bœuf

10 ml de sauce soya

5 ml de quatre-épices

30 ml de beurre fondu

30 ml de farine

Préparation

Préchauffez le four à 180 °C.

Dans un bol, mélangez bien la viande, l'oignon, le riz, la chapelure, le ketchup, la sauce chili et les œufs. Salez et poivrez au goût. Façonnez en boulettes et enrobez-les de farine. Déposez-les dans un plat allant au four et faites cuire au four pendant 30 minutes. Retirez du feu.

Dans une casserole, portez le bouillon de poulet et le bouillon de bœuf à ébullition. Ajoutez la sauce soya et le quatre-épices. Ajoutez aux boulettes.

Dans un bol, mélangez bien le beurre fondu et la farine. Ajoutez aux boulettes. Remettez au feu et faites mijoter pendant 30 minutes.

Boulettes de poulet
Pour 4 à 6 personnes

Ingrédients

Pour les boulettes
500 ml de chapelure nature
250 ml de lait
500 g de bacon cuit, en morceaux
500 g de poulet cuit, en cubes

Pour la sauce
750 ml de cassonade
375 ml d'eau
250 ml de vinaigre
7,5 ml de moutarde sèche

Préparation

Préchauffez le four à 180 °C.

Pour les boulettes

Mélangez bien tous les ingrédients, et façonnez des boulettes d'environ 2 cm. Déposez-les dans un plat allant au four.

Pour la sauce

Mélangez bien tous les ingrédients, et versez sur les boulettes. Faites cuire au four pendant 1 heure.

Boulettes de bœuf originales

Pour 4 à 6 personnes

Ingrédients

1 kg de bœuf haché

750 ml de riz cuit

250 ml de mie de pain

2 œufs

Sel et poivre, au goût

30 ml de beurre

500 ml de fromage cheddar, en cubes

250 ml de lait

250 ml de carottes cuites, en rondelles (ou en boîte)

125 ml de poivron vert, en lanières

125 ml de poivron rouge, en lanières

125 ml de poivron jaune, en lanières

125 ml d'oignons, hachés

Préparation

Préchauffez le four à 180 °C.

Dans un bol, mélangez bien le bœuf haché, le riz, la mie de pain et les œufs. Salez et poivrez au goût. Façonnez en petites boulettes.

Dans une poêle, faites chauffer le beurre et faites-y revenir les boulettes, jusqu'à ce qu'elles soient bien dorées. Déposez les boulettes dans un plat allant au four (avec un couvercle), ajoutez le fromage, le lait et les légumes.

Couvrez et faites cuire au four pendant une trentaine de minutes.

Boulettes tomatées

Pour 4 à 6 personnes

Ingrédients

1 kg de bœuf haché

1 gros oignon

1 pincée de poivre

30 ml de beurre

2 gousses d'ail, hachées

1 boîte de 680 ml de tomates, en dés

250 ml de poivron vert, en dés

250 ml de champignons, en morceaux

15 ml de farine

Sel et poivre, au goût

Préparation

Dans un bol, mélangez bien le bœuf haché, l'oignon et la pincée de poivre. Façonnez en petites boulettes.

Dans une casserole, faites chauffer le beurre, ajoutez l'ail et faites-y revenir les boulettes, jusqu'à ce qu'elles soient bien dorées. Ajoutez les tomates, le poivron, les champignons et la farine, salez et poivrez au goût. Faites mijoter une vingtaine de minutes.

Casserole de bœuf haché aux légumes

Pour 4 à 6 personnes

Ingrédients

1 kg de bœuf haché

750 ml de pommes de terre, en dés

500 ml d'oignons, en dés

500 ml de carottes, en dés

125 ml de navet, en dés

60 ml de poireaux, en dés

375 ml de soupe aux tomates concentrée

Sel et poivre, au goût

Préparation

Préchauffez le four à 170 °C.

Déposez le bœuf haché dans un plat allant au four. Ajoutez tous les légumes et arrosez de soupe aux tomates. Salez et poivrez au goût. Couvrez et faites cuire au four pendant 1 heure ou jusqu'à ce que les légumes soient cuits.

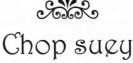

Chop suey

Pour 4 à 6 personnes

Ingrédients

10 ml de fécule de maïs

60 ml d'eau

1 litre de fèves germées

60 ml d'huile ou de beurre

250 ml de champignons blancs, tranchés

250 ml d'oignons, hachés

250 ml de chou-fleur, en bouquets

250 ml de brocoli, en bouquets

125 ml de poivron vert, en dés

125 ml de poivron rouge, en dés

125 ml de carottes, en rondelles

125 ml de noix de Grenoble, hachées

10 ml de gingembre frais, râpé

60 ml de sauce soya

50 ml de bouillon de bœuf

60 ml d'échalotes, hachées

Préparation

Dans un bol, mélangez la fécule de maïs et l'eau. Réservez.

Dans une casserole d'eau bouillante, faites cuire les fèves germées pendant 1 minute. Réservez.

Dans une poêle, faites chauffer le beurre et faites-y revenir les champignons, l'oignon, le chou-fleur, le brocoli, les poivrons et les carottes. Ajoutez les noix, le gingembre, la sauce soya, le bouillon de bœuf et les fèves germées. Faites mijoter pendant 10 minutes. Ajoutez la fécule de maïs et laissez épaissir, puis ajoutez les échalotes.

Cipâte

Pour 4 à 6 personnes

Ingrédients

La pâte
375 ml de farine
5 ml de sel
5 ml de poudre à pâte (levure chimique)
45 ml de graisse
2,5 ml de sucre
1 pincée de sel

La viande
750 gr de gibier (chevreuil, orignal, perdrix, lièvre, etc.)
coupé en cubes
Oignons émincés, au goût
Pommes de terre en cubes, au goût
Épices, sel et poivre, au goût
Tranches de lard salé (pour tapisser le fond d'une
casserole)

Préparation

Commencez par préparer la pâte en mélangeant la farine,
le sel, la poudre à pâte, la graisse et le sucre, mais en prenant soin de la détacher en tout petits morceaux. Ajoutez
suffisamment d'eau froide pour que la pâte se laisse bien
manipuler. Réservez au frais.

Dans une casserole en fonte, avec couvercle, déposez
la viande, l'oignon et les pommes de terre, puis ajoutez les
épices, le sel et le poivre. Couvrez d'un papier ciré et gardez au réfrigérateur toute une nuit.

Le lendemain, garnissez le fond d'une casserole de tranches de lard salé. Alternez ensuite un rang de pâte et un rang de viande. Une fois votre pâte et votre viande terminées, couvrez d'eau. Vérifiez l'assaisonnement. Couvrez d'une dernière couche de pâte, incisée au centre.

Préchauffez le four à 175 °C.

Placez votre chaudron sur la grille du bas du four et faites cuire pendant 30 minutes à 175 °C, puis réduisez ensuite le four à 150 °C et laissez cuire au moins 5 heures. N'ajoutez le couvercle que 30 minutes avant la fin de la cuisson.

L'incision au centre du cipâte sert à vérifier la quantité de liquide ; il ne doit pas s'assécher.

Civet de lièvre

Pour 4 à 6 personnes

Ingrédients

1 lièvre
2 gousses d'ail, écrasées
1 oignon, tranché fin
Vin rouge sec
Thym, au goût
Laurier, au goût
Basilic, au goût
Huile
6 grosses olives vertes

Préparation

Préchauffez le four à 165 °C.

Placez la viande, l'ail et l'oignon dans une casserole ; couvrez de vin rouge. Ajoutez les épices. Laissez macérer pendant au moins une nuit.

Lorsque vous retirerez la viande — réservez le jus —, égouttez-la et faites-la dorer dans de l'huile. Servez-vous du jus et des olives vertes pressées en purée pour épaissir la sauce.

Faites cuire au four pendant 2 heures à feu doux.

Coq au vin
Pour 4 à 6 personnes

Ingrédients

6 tranches de bacon, en dés

16 petits oignons blancs

4 à 6 poitrines de poulet, sans peau, enfarinées

125 ml de poivron vert, en lanières

125 ml de poivron rouge, en lanières

125 ml de poivron jaune, en lanières

500 ml de champignons, en gros morceaux

500 ml de vin rouge

500 ml de sauce aux tomates

5 ml de thym

1 feuille de laurier

Sel et poivre, au goût

Préparation

Préchauffez le four à 165 °C.

Dans une poêle, faites revenir le bacon, ajoutez les petits oignons et les poitrines de poulet, et faites-les revenir jusqu'à ce qu'elles soient bien dorées.

Déposez-les dans un plat allant au four. Ajoutez les légumes, le vin, la sauce aux tomates, le thym et la feuille de laurier. Salez et poivrez au goût.

Faites cuire au four pendant 2 heures.

Côtelettes de porc en sauce
Pour 4 à 6 personnes

Ingrédients

30 ml de beurre
1 gros oignon, haché
8 à 10 côtelettes de porc

Pour la sauce
500 ml d'eau
375 ml de ketchup
30 ml de vinaigre
30 ml de sucre
30 ml de sauce soya
3 gousses d'ail, hachées
Sel et poivre, au goût
250 ml de champignons, tranchés
250 ml de haricots jaunes, coupés
125 ml de poivron vert, en lanières
125 ml de poivron rouge, en lanières

Préparation

Préchauffez le four à 180 °C.

Dans une poêle, faites chauffer le beurre et faites-y revenir l'oignon et les côtelettes jusqu'à ce qu'elles soient dorées. Déposez dans un plat allant au four.

Dans un bol, mélangez bien tous les ingrédients de la sauce, versez sur les côtelettes et ajoutez les légumes. Faites cuire au four pendant 1 heure ou jusqu'à ce que la viande soit bien cuite. Retournez les côtelettes à mi-cuisson.

Si la sauce devient trop épaisse, rajoutez de l'eau en cours de cuisson.

Dinde traditionnelle du jour de l'An
Pour 6 à 8 personnes

Ingrédients

> 1 grosse dinde
> Beurre
> Tranches de lard

> *Farce*
> 500 g de porc haché
> 1 oignon émincé
> 250 ml de mie de pain imbibée de lait
> Abats de dinde (cœur et foie), hachés grossièrement
> Sauge, au goût
> Sel et poivre, au goût

Préparation

Préchauffez le four à 135 °C.

Pour la farce

Déposez le porc haché et les abats de dinde dans une casserole avec l'oignon émincé ; recouvrez d'eau. Portez à ébullition, puis réduisez le feu et laissez mijoter à feu moyen pendant environ 90 minutes (jusqu'à ce qu'il ne reste presque plus de liquide). Mélangez la viande avec la mie de pain mouillée d'un peu de lait ; assaisonnez avec la sauge, le sel et le poivre.

Pour la dinde

Videz la dinde ; badigeonnez-en l'extérieur et l'intérieur de beurre mou, puis bardez-la de fines tranches de lard, notamment autour des pattes qui ont tendance à sécher. Enfournez la farce dans la dinde ; refermez l'ouverture en repliant là peau pour éviter que la farce ne s'échappe lors de la cuisson. Faites cuire au four en calculant 45 minutes de cuisson par kilo.

Étagé au riz à la viande

Pour 4 à 6 personnes

Ingrédients

1 kg de bœuf haché

Sel et poivre, au goût

4 tranches de bacon cuit

500 ml de riz cuit

1 gros oignon, haché

125 ml de céleri, haché

375 ml de champignons, tranchés, en boîte

180 ml de poivron vert, en dés

180 ml de poivron rouge, en dés

180 ml de poivron jaune, en dés

900 ml de tomates, en dés, en boîte

250 ml de fromage mozzarella, râpé

Préparation

Préchauffez le four à 165 °C.

Déposez le bœuf haché dans un plat allant au four. Salez et poivrez au goût. Disposez les tranches de bacon sur la viande, puis, en rangs successifs, le riz, l'oignon, le céleri, les champignons, les poivrons et les tomates.

Saupoudrez de fromage et faites cuire au four pendant 1 heure.

Étagé aux légumes

Pour 4 à 6 personnes

Ingrédients

500 ml de tomates, tranchées

500 ml de carottes cuites, tranchées

375 ml d'oignons, hachés

250 ml de haricots jaunes, cuits

250 ml de pois mange-tout

15 ml de farine

50 ml de beurre fondu

Sel et poivre, au goût

500 ml de purée de pommes de terre

125 ml de fromage mozzarella, râpé

7,5 ml de persil frais, haché

Préparation

Préchauffez le four à 200 °C.

Dans un plat allant au four, étagez tous les légumes. Saupoudrez de farine et ajoutez le beurre fondu. Salez et poivrez au goût. Couvrez de la purée de pommes de terre. Parsemez le fromage sur le dessus et saupoudrez de persil. Faites cuire au four pendant 30 minutes.

Étagé de riz à la dinde

Pour 4 à 6 personnes

Ingrédients

375 ml de haricots jaunes, en boîte

500 ml de dinde cuite, en dés

375 ml de riz cuit

1 boîte (284 ml) de crème de champignons, concentrée

250 ml de lait

60 ml de chapelure

125 ml de fromage mozzarella, râpé

30 ml de beurre, ramolli

Préparation

Préchauffez le four à 190 °C.

Dans un plat allant au four, déposez les haricots, la dinde, puis le riz.

Dans une casserole, faites chauffer la crème de champignons et le lait en brassant bien, jusqu'à l'obtention d'une préparation homogène. Versez sur le riz, dans le moule. Saupoudrez de chapelure, puis de fromage râpé, et parsemez des noisettes de beurre.

Faites cuire au four pendant une vingtaine de minutes ou jusqu'à ce que le fromage soit gratiné.

Fèves au lard maison
Pour 4 à 6 personnes

Ingrédients

1 kg de haricots blancs
250 g de lard salé
60 ml de mélasse
30 ml de cassonade
1 oignon moyen
2,5 ml de moutarde sèche
Sel et poivre, au goût

Préparation

Préchauffez le four à 175 °C.

Faites bouillir les haricots une demi-heure, ou jusqu'à ce que l'enveloppe «lève». Rincez-les à l'eau froide. Couvrez de haricots le fond d'un pot en grès, mettez le lard salé, puis ajoutez les autres ingrédients, y compris le reste de vos haricots. Ajoutez de l'eau jusqu'à égalité des haricots.

Faites cuire au four pendant environ 1 heure à 175 °C ; réduisez ensuite le four à 125 °C et poursuivez la cuisson pendant 3 à 4 heures.

Si vous remarquez que les haricots manquent d'eau pendant la cuisson, ajoutez-en.

Fricassée de poulet aux 3 poivrons
Pour 4 à 6 personnes

Ingrédients

30 ml de beurre

1 kg de poulet, en cubes

125 ml de bouillon de poulet

125 ml de jus d'orange

125 ml de poivron vert, en lanières

125 ml de poivron rouge, en lanières

125 ml de poivron jaune, en lanières

125 ml d'oignons, hachés

125 ml de champignons, en dés

125 ml de haricots jaunes, en conserve, égouttés

Sel et poivre, au goût

Préparation

Dans une casserole, faites chauffer le beurre et faites-y dorer le poulet de tous les côtés une dizaine de minutes. Déglacez avec le bouillon de poulet et le jus d'orange. Ajoutez les poivrons, l'oignon, les champignons et les haricots, et continuez la cuisson 5 à 10 minutes. Salez et poivrez au goût.

Gibelotte

Pour 4 à 6 personnes

Ingrédients

1 lièvre ou 1 lapin
500 g de porc salé maigre, coupé en cubes
1 feuille de laurier
5 ml de poivre
5 ml de clou de girofle
5 ml de persil
250 ml de bière blonde
Farine grillée

Préparation

Préchauffez le four à 130 °C.

Placez le lièvre et le porc salé dans une casserole ; couvrez d'eau et assaisonnez avec le laurier, le poivre, le clou de girofle et le persil.

Faites cuire pendant 3 heures à 130 °C ; épaississez le bouillon avec de la farine grillée, selon votre goût. Ajoutez la bière. Faites de nouveau cuire pendant 30 minutes.

Jambon aux ananas et à l'érable

Pour 4 à 6 personnes

Ingrédients

1 jambon d'environ 1,5 kg
10 clous de girofle
Une dizaine de tranches d'ananas en boîte et leur jus
250 ml de sirop d'érable

Préparation

Préchauffez le four à 140 °C.

Déposez le jambon dans une grande casserole et ajoutez suffisamment d'eau pour le couvrir. Portez à ébullition sur un feu moyen, puis laissez mijoter à feu doux pendant 20 minutes.

Égouttez le jambon, piquez-le de clous de girofle, puis déposez-le dans un plat allant au four. Recouvrez-le de tranches d'ananas et ajoutez le sirop d'érable et le jus d'ananas réservé.

Faites cuire au four, à découvert, pendant environ 50 minutes en l'arrosant à quelques reprises du mélange de sirop et de jus d'ananas.

Lanières de bœuf aux épinards

Pour 4 à 6 personnes

Ingrédients

30 ml de beurre

60 ml d'oignons, hachés

1 kg de bœuf, en lanières

375 ml de bouillon de bœuf

375 ml de bouillon de poulet

2,5 ml de thym

Sel et poivre, au goût

5 ml de beurre

5 ml de farine

90 ml de crème à 35 %

125 ml d'épinards, cuits

250 ml de fromage mozzarella, râpé

Préparation

Dans une casserole, faites chauffer le beurre et faites-y revenir l'oignon et les lanières de bœuf, quelques minutes de chaque côté. Retirez de la casserole et gardez au chaud. Dans la même casserole, versez les bouillons et le thym, salez et poivrez au goût. Laissez mijoter en laissant réduire de moitié.

Dans un bol, mélangez bien le beurre et la farine. Versez dans la casserole, ajoutez la crème et laissez mijoter doucement pendant 2 minutes. Gardez au chaud.

Déposez les lanières de bœuf dans un plat allant au four. Couvrez-les d'épinards, puis saupoudrez-les de fromage.

Mettez au four, sous le gril, jusqu'à ce que le fromage soit fondu.

Couvrez le fond des assiettes avec la sauce et déposez-y la viande.

Lasagne aux légumes verts
Pour 4 à 6 personnes

Ingrédients

12 pâtes à lasagne, coupées en 2

Pour la sauce
500 ml de jus de légumes
250 ml de pâte de tomates
250 ml de poivron vert, en dés
250 ml de brocoli, en bouquets
250 ml de choux de Bruxelles, coupés en 2
250 ml d'échalote, hachée
125 ml de céleri, haché
5 ml d'origan
5 ml de basilic séché
5 ml de persil séché
Sel et poivre, au goût
500 ml de fromage mozzarella, râpé

Préparation

Préchauffez le four à 180 °C.

Faites cuire les pâtes tel qu'il est indiqué sur l'emballage et égouttez bien. Réservez.

Pour la sauce

Dans une casserole, mélangez bien le jus de légumes et la pâte de tomates. Ajoutez le poivron, le brocoli, les choux de Bruxelles, l'échalote et le céleri. Faites mijoter jusqu'à épaississement. Ajoutez l'origan, le basilic et le persil, salez et poivrez au goût.

Dans un plat allant au four, alternez les rangées de sauce et les rangées de pâtes, en terminant avec la sauce. Saupoudrez de fromage sur le dessus. Faites cuire au four jusqu'à ce que le fromage soit doré (environ 30 minutes).

Laissez reposer 10 minutes avant de servir.

Macaroni au poulet et aux légumes

Pour 4 à 6 personnes

Ingrédients

30 ml de beurre
750 ml de poulet cuit, en cubes
500 ml de bouillon de poulet
125 ml de poivron rouge, en lanières
125 ml de poivron jaune, en lanières
125 ml de champignons, tranchés
8 mini-épis de maïs, en conserve
5 ml de poivre rouge
Sel et poivre, au goût
900 g de macaroni cuit
30 ml d'échalotes, hachées

Préparation

Dans une casserole, faites chauffer le beurre et faites-y revenir le poulet pendant une dizaine de minutes, en le retournant fréquemment. Ajoutez le bouillon de poulet et tous les légumes, et continuez la cuisson pendant 5 minutes. Salez et poivrez au goût.

Ajoutez le macaroni et faites-le réchauffer quelques minutes.

Déposez dans les assiettes et parsemez d'échalotes.

Médaillons de chevreuil

Pour 4 à 6 personnes

Ingrédients

30 ml de beurre
4 à 6 médaillons de chevreuil
250 ml de bouillon de bœuf
125 ml de bouillon de légumes
30 ml de gelée de canneberge
15 ml de beurre
15 ml de farine
30 ml de crème à 15 %
Sel et poivre, au goût

Préparation

Dans une poêle, faites chauffer le beurre à feu vif et faites-y saisir les médaillons de chevreuil, quelques secondes de chaque côté, puis quelques minutes à feu moyen.

Dans une casserole, portez les bouillons à ébullition et ajoutez la gelée de canneberge.

Dans un bol, mélangez bien le beurre et la farine, et incorporez dans la casserole. En brassant, versez graduellement la crème. Ajoutez les médaillons de chevreuil et faites mijoter pendant quelques minutes. Salez et poivrez au goût.

Omelette aux légumes
Pour 4 à 6 personnes

Ingrédients

6 tranches de bacon, en morceaux

250 ml de champignons, tranchés

60 ml d'oignons, hachés

60 ml de céleri, en dés

60 ml de poivron rouge, en dés

60 ml de poivron vert, en dés

250 ml de tomates, en dés

10 ml de sucre

6 œufs

60 ml de lait

Sel et poivre, au goût

30 ml de beurre

125 ml de fromage cheddar, râpé

Préparation

Dans une poêle, faites revenir le bacon. Lorsqu'il est à mi-cuisson, ajoutez les champignons, l'oignon, le céleri et les poivrons, et faites-les revenir, à feu doux, jusqu'à ce qu'ils soient tendres. Ajoutez les tomates et le sucre, et continuez la cuisson une quinzaine de minutes.

Dans un bol, battez les œufs et le lait. Salez et poivrez au goût.

Dans une poêle, faites chauffer le beurre, versez-y les œufs et laissez cuire jusqu'à ce que l'omelette soit ferme, mais encore moelleuse. Déposez les légumes sur une moitié de l'omelette, saupoudrez de fromage, pliez-la, et continuez la cuisson 1 minute.

Pain de jambon à l'ananas

Pour 4 à 6 personnes

Ingrédients

5 tranches d'ananas, en morceaux
6 tranches de bacon cuit, en morceaux
1 kg de jambon cuit, haché
250 ml de flocons d'avoine
375 ml de lait évaporé
Sel et poivre, au goût
60 ml de cassonade
5 ml de moutarde sèche
30 ml de vinaigre

Préparation

Préchauffez le four à 180 °C.

Déposez les morceaux d'ananas dans un moule à pain standard.

Dans un bol, mélangez le bacon, le jambon, les flocons d'avoine et le lait. Salez et poivrez au goût. Déposez dans le moule, sur les ananas. Faites cuire au four pendant 1 heure.

Dans un bol, mélangez la cassonade, la moutarde sèche et le vinaigre. Badigeonnez-en le pain de jambon (après 1 heure de cuisson) et continuez la cuisson pendant 30 minutes.

Pain de poisson
Pour 4 à 6 personnes

Ingrédients

60 ml d'eau froide

15 ml de gélatine sans saveur

15 ml de beurre

60 ml d'oignons, hachés

60 ml de céleri, en dés

1 kg de filets de poisson, cuits à la vapeur, écrasés à la fourchette

7 œufs

1 boîte (156 ml) de pâte de tomates

125 ml de crème à 35 %

Sel et poivre, au goût

Préparation

Préchauffez le four à 165 °C.

Dans un bol, versez l'eau, ajoutez la gélatine et laissez prendre 5 minutes. Réservez.

Dans une poêle, faites chauffer le beurre et faites-y revenir légèrement l'oignon et le céleri. Déposez dans un bol. Ajoutez le poisson, les œufs, la pâte de tomates et la crème.

Faites fondre la gélatine au bain-marie et ajoutez-la à la préparation. Salez et poivrez au goût. Versez dans 2 moules à pain beurrés.

Faites cuire au four pendant une quarantaine de minutes ou jusqu'à ce que le pain se détache de la paroi du moule.

Pain de saumon en sauce
Pour 4 à 6 personnes

Ingrédients

Pour le pain de saumon
500 g de saumon, émietté
250 ml de craquelins, émiettés
125 ml de lait
125 ml de crème à 15 %
30 ml d'oignons, hachés finement
30 ml de beurre fondu
7,5 ml de blanc de poireau, haché
2 jaunes d'œufs, battus
2 blancs d'œufs, montés en neige
15 ml de jus de citron
Sel et poivre, au goût

Pour la sauce
30 ml de beurre
1 petit oignon, haché
30 ml de farine
250 ml de jus de légumes
60 ml de tomates en conserve, en dés
Sel et poivre, au goût

Préparation

Préchauffez le four à 180 °C.

Pour le pain de saumon

Dans un bol, mélangez bien tous les ingrédients et déposez dans un moule à pain graissé. Faites cuire au four pendant 1 heure. Déposez les tranches dans les assiettes.

Pour la sauce

Dans une casserole, faites chauffer le beurre et faites-y revenir l'oignon. Saupoudrez de farine et continuez la cuisson 5 minutes, en brassant. Incorporez le jus de légumes et les tomates, salez et poivrez, et continuez la cuisson jusqu'à ce que la sauce ait la consistance désirée. Versez sur les tranches de pain de saumon.

Pains farcis à la viande

Pour 4 à 6 personnes

Ingrédients

30 ml de beurre
1 gros oignon, haché
500 g de veau haché
500 g de porc haché
90 ml d'eau
1 gousse d'ail, hachée finement
Une pincée de thym
Sel et poivre, au goût
12 petits pains

Préparation

Dans une casserole, faites chauffer le beurre et faites-y revenir l'oignon, le veau et le porc. Ajoutez l'eau, et faites cuire à feu doux pendant 30 minutes. Ajoutez l'ail, le thym, le sel et le poivre, et continuez la cuisson quelques minutes. Laissez refroidir. Garnissez les pains et mettez au four, sous le gril, pendant quelques minutes. Servez.

Ces petits pains peuvent être ensuite garnis de mayonnaise, de laitue, de tomate, de fromage, etc.

Platée de poulet et pommes de terre
Pour 4 à 6 personnes

Ingrédients

15 ml de beurre
125 ml d'oignons, hachés
60 ml de poivron rouge, en dés
60 ml de poivron jaune, en dés
1 boîte de crème de céleri
180 ml de lait
750 ml de pommes de terre, cuites, en dés
1 kg de poulet cuit, coupé en dés
125 ml de fromage mozzarella, râpé
Sel et poivre, au goût

Préparation

Préchauffez le four à 180 °C.

Dans une poêle, faites chauffer le beurre et faites-y revenir l'oignon et les poivrons. Ajoutez graduellement la crème de céleri et le lait, en remuant bien. Salez et poivrez au goût.

Dans un plat allant au four, mélangez les pommes de terre et le poulet, et versez-y la sauce. Parsemez le fromage sur le dessus. Faites cuire au four pendant 25 minutes.

Poêlée de saucisses
Pour 4 à 6 personnes

Ingrédients

4 tranches de bacon, en morceaux
1 petit oignon, haché
500 ml de champignons, tranchés
12 saucisses fumées, en rondelles
500 ml de tomates, en dés, en boîte (sans le jus)
5 ml de sauce soya
Poivre, au goût

Préparation

Dans une poêle, faites revenir légèrement le bacon, l'oignon et les champignons. Ajoutez les saucisses et faites-les dorer de chaque côté. Ajoutez les tomates et la sauce soya, poivrez au goût, et continuez la cuisson quelques minutes.

Poulet chasseur

Pour 4 à 6 personnes

Ingrédients

60 ml de farine

2,5 ml de thym

Sel et poivre, au goût

4 à 6 cuisses de poulet, sans la peau

30 ml de beurre

1 gros oignon, haché

250 ml de champignons, en dés

125 ml de poivron vert, en dés

125 ml de poivron rouge, en dés

125 ml de poivron jaune, en dés

1,5 litre de jus de légumes

Préparation

Préchauffez le four à 180 °C.

Dans un bol, déposez la farine, le thym, le sel et le poivre. Enfarinez les cuisses de poulet.

Dans une casserole, faites chauffer le beurre, ajoutez l'oignon et faites-y revenir les cuisses de poulet jusqu'à ce qu'elles soient bien dorées. Ajoutez les légumes et couvrez de jus de légumes. Faites cuire au four une quarantaine de minutes.

Veillez à ce que le poulet soit toujours couvert de liquide pendant la cuisson. Sinon, rajoutez de l'eau en cours de cuisson.

Ragoût de bœuf en cubes

Pour 4 à 6 personnes

Ingrédients

30 ml de beurre

1 kg de bœuf en cubes, enfarinés

125 ml d'oignons, hachés

125 ml de carottes, en rondelles

125 ml de céleri, en dés

125 ml de haricots jaunes

1 feuille de laurier

1 pincée de thym

Sel et poivre, au goût

4 pommes de terre, en dés

Préparation

Préchauffez le four à 120 °C.

Dans une casserole, faites chauffer le beurre et faites-y revenir les cubes de bœuf jusqu'à ce qu'ils soient bien dorés. Ajoutez l'oignon, les carottes, le céleri et les haricots. Couvrez d'eau et ajoutez la feuille de laurier et le thym, salez et poivrez au goût.

Faites cuire au four pendant 1 1/2 heure. Ajoutez les pommes de terre et continuez la cuisson pendant une vingtaine de minutes.

Ragoût de pattes de porc

Pour 4 à 6 personnes

Ingrédients

2 hauts de pattes de porc, taillées en rondelles

2 oignons hachés

2 branches de céleri, hachées

2 carottes, en rondelles

2 ml de clou de girofle moulu

2 ml de cannelle moulue

1 à 1,5 litre d'eau

4 pommes de terre, pelées et coupées en cubes

50 ml de farine grillée (délayée dans 50 ml d'eau)

Préparation

Faites blanchir les hauts de pattes de porc dans de l'eau bouillante pendant 2 à 3 minutes; égouttez et jetez l'eau.

Dans une grande casserole, déposez le porc, l'oignon, le céleri, les carottes, le clou de girofle, la cannelle, le sel et le poivre. Ajoutez l'eau, couvrez et laissez mijoter pendant 3 heures. Retirez les hauts de pattes de porc du bouillon et réservez-les. Filtrez le bouillon, jetez les légumes, puis versez-le dans la casserole.

Ajoutez les pommes de terre et laissez mijoter pendant 15 minutes ou jusqu'à ce qu'elles soient tendres. Incorporez alors la farine grillée au bouillon en remuant jusqu'à ce que la sauce épaississe.

Ajoutez les hauts de pattes de porc et réchauffez bien le tout.

Rôti de porc
aux patates jaunes

Ingrédients

2 kg de longe de porc

2 gousses d'ail

5 ml de sarriette

2,5 ml de moutarde sèche

1 ml de sauge

Sel et poivre, au goût

Pommes de terre, selon votre appétit

500 ml d'eau

Préparation

Préchauffez le four à 170 °C.

Piquez le rôti d'éclats d'ail, puis frottez-le avec un mélange de sarriette, de moutarde et de sauge; salez et poivrez au goût.

Placez-le dans une casserole allant au four et faites cuire pendant 1 heure. Ajoutez les pommes de terre et l'eau. Continuez la cuisson pendant 2 heures en retournant les légumes à la deuxième heure de cuisson. Arrosez souvent le rôti.

Ragoût de poulet aux légumes

Pour 4 à 6 personnes

Ingrédients

30 ml de beurre

1 kg de poulet, en dés

60 ml de farine

375 ml de bouillon de poulet

375 ml de bouillon de bœuf

250 ml de pommes de terre, en morceaux

125 ml d'oignons, hachés

125 ml de céleri, en dés

125 ml de poivron vert, en morceaux

125 ml de poivron rouge, en morceaux

125 ml de carottes, en rondelles minces

5 ml d'épices à volaille

Sel et poivre, au goût

Préparation

Préchauffez le four à 170 °C.

Dans une casserole avec un couvercle allant au four, faites chauffer le beurre, et faites-y revenir le poulet de tous les côtés pendant quelques minutes, jusqu'à ce qu'il soit doré. Saupoudrez de farine et ajoutez tous les autres ingrédients. Faites cuire au four pendant environ 2 heures ou jusqu'à ce que le poulet soit bien cuit.

Le ragoût doit toujours avoir suffisamment de liquide pendant la cuisson, ajoutez de l'eau au besoin.

Sole en sauce
Pour 4 à 6 personnes

Ingrédients

Pour le poisson
30 ml de beurre
2 gousses d'ail
4 à 6 filets de sole

Pour la sauce
15 ml de beurre
30 ml d'oignons, hachés
125 ml de bouillon de légumes
125 ml de bouillon de poulet
1 boîte (environ 800 ml) de tomates, en dés, avec le jus
125 ml de poivron rouge, en dés
10 ml de jus de citron
Sel et poivre, au goût

Préparation

Préchauffez le four à 180 °C.

Dans une poêle, faites chauffer le beurre et faites-y revenir l'ail et les filets de sole quelques minutes de chaque côté. Déposez dans un plat allant au four et faites cuire au four 5 minutes.

Pour la sauce

Dans une poêle, faites chauffer le beurre et faites-y revenir l'oignon. Ajoutez les bouillons, les tomates et leur jus ainsi que le poivron. Faites mijoter 4 minutes. Ajoutez le jus de citron, salez et poivrez au goût. Déposez les filets de sole dans les assiettes et nappez de sauce.

Tarte au poisson
Pour 4 à 6 personnes

Ingrédients

15 ml de beurre

1 oignon, haché

60 ml de céleri, en dés

500 g de filets de poisson, en cubes

60 ml de sauce chili

5 ml de jus de citron

Sel et poivre, au goût

2 abaisses de tarte

Préparation

Préchauffez le four à 190 °C.

Déposez une abaisse dans un moule à tarte graissé.

Dans une poêle, faites chauffer le beurre et faites-y revenir légèrement l'oignon et le céleri. Déposez dans un bol, ajoutez tous les autres ingrédients. Versez la préparation dans le moule, et recouvrez de l'autre abaisse.

Faites cuire au four pendant 30 minutes.

Tarte aux épinards

Pour 4 à 6 personnes

Ingrédients

30 ml de beurre

1 poireau, en rondelles

1 petit oignon, haché

1 gousse d'ail, hachée

6 œufs battus

1 paquet d'épinards, cuits, égouttés, hachés

125 ml de lait

375 ml de fromage cheddar, râpé

125 ml de fromage parmesan, râpé

Sel et poivre, au goût

2 abaisses de tarte

Préparation

Préchauffez le four à 190 °C.

Déposez une abaisse dans un moule à tarte graissé.

Dans une casserole, faites chauffer le beurre et faites-y revenir le poireau, l'oignon et l'ail. Retirez du feu et ajoutez les œufs, les épinards, le lait et les fromages ; salez et poivrez au goût. Versez dans le moule, et recouvrez de l'autre abaisse.

Faites cuire au four pendant une trentaine de minutes ou jusqu'à ce que la pâte soit bien dorée.

Tarte aux légumes
Pour 4 à 6 personnes

Ingrédients

1 abaisse de tarte

250 ml de chou-fleur, en bouquets

250 ml de brocoli, en bouquets

250 ml de navet, en dés

250 ml de carottes, en rondelles

15 ml de beurre

375 ml de champignons, tranchés

250 ml d'oignons, hachés

60 ml de farine

250 ml de lait

Sel et poivre, au goût

250 ml de fromage cheddar ou mozzarella, râpé

Préparation

Préchauffez le four à 220 °C.

Déposez l'abaisse dans un moule à tarte graissé.

Faites cuire le chou-fleur, le brocoli, le navet et les carottes. Égouttez bien et déposez sur l'abaisse.

Dans une poêle, faites chauffer le beurre et faites-y revenir les champignons et l'oignon. Ajoutez la farine et brassez pendant une trentaine de secondes. Versez le lait, amenez-le à ébullition et laissez chauffer encore 2 minutes. Ajoutez la moitié du fromage, salez et poivrez au goût. Mélangez bien, jusqu'à ce que la préparation soit onctueuse, puis versez sur les légumes. Saupoudrez de fromage. Faites cuire au four pendant 20 minutes.

Tourtière de porc et de bœuf

Pour 4 à 6 personnes

Ingrédients

15 ml de beurre

1 oignon

60 ml de céleri, haché finement

200 g de porc haché, maigre

200 g de bœuf haché

5 ml de sel

2 abaisses de tarte

Préparation

Préchauffez le four à 250 °C.

Dans une casserole épaisse, faites fondre le beurre, puis ajoutez l'oignon et le céleri. Ajoutez ensuite le porc et le bœuf, puis le sel. Laissez cuire, en brassant, jusqu'à ce que la viande brunisse. Mélangez bien et laissez refroidir.

Versez ensuite le mélange dans une abaisse de 22 cm, dont vous aurez humecté le pourtour. Couvrez d'une autre abaisse sur laquelle vous aurez fait quelques incisions. Retirez le surplus de pâte et festonnez les bords.

Faites cuire au four 10 minutes à 250 °C, puis réduisez la température à 175 °C et poursuivez la cuisson une trentaine de minutes.

Tourtière du Lac-Saint-Jean

Pour 4 à 6 personnes

Ingrédients

300 g de cubes (environ 5 cm) à ragoût de porc

300 g de cubes (environ 5 cm) de chevreuil ou de caribou

90 g de lard salé, haché

500 ml de pommes de terre, pelées et coupées en petits cubes

300 ml d'oignons, hachés

2 abaisses de pâte brisée

Sel et poivre, au goût

Préparation

Dans un grand bol, mélangez ensemble les cubes de viande, le lard salé et l'oignon. Couvrez et laissez macérer au réfrigérateur pendant une nuit.

Préchauffez le four à 200 °C.

Foncez une cocotte à fond épais d'une abaisse de pâte brisée. Incorporez les cubes de pommes de terre à la viande et versez dans la cocotte – ajoutez suffisamment d'eau pour couvrir le tout. Recouvrez de la deuxième abaisse.

Faites cuire au four pendant 20 minutes, puis réduisez la température à 120 °C et poursuivez la cuisson pendant 1 heure.

Turbot à la moutarde

Pour 4 à 6 personnes

Ingrédients

60 ml de beurre fondu

125 ml de bouillon de légumes

15 ml de jus de citron

5 ml de sauce Worcestershire

5 ml de moutarde de Dijon

5 ml de moutarde préparée

4 tranches de bacon cuit, haché

Sel et poivre, au goût

1 kg de filets de turbot

125 ml de chapelure nature

Préparation

Préchauffez le four à 180 °C.

Dans un bol, mélangez le beurre, le bouillon de légumes, le jus de citron, la sauce Worcestershire, les deux moutardes et le bacon; salez et poivrez au goût.

Enrobez les filets de turbot de chapelure, et déposez-les dans un plat beurré allant au four. Versez-y la sauce.

Faites cuire au four pendant 45 minutes.

Veau à la citrouille
Pour 4 à 6 personnes

Ingrédients

625 ml de citrouille cuite, en purée
30 ml de beurre
125 ml de céleri, haché
125 ml d'oignons, hachés
1 gousse d'ail
500 g de veau haché
250 g de bœuf haché
4 tranches de pain, en dés
125 ml de jus d'orange
375 ml de purée de pommes de terre
5 ml d'assaisonnement pour volaille
Sel et poivre, au goût
250 ml de fromage mozzarella, râpé

Préparation

Préchauffez le four à 180 °C.

Déposez la citrouille en purée dans un plat allant au four.

Dans une poêle, faites chauffer le beurre et faites-y revenir légèrement le céleri, l'oignon et l'ail. Ajoutez le veau et le bœuf, et faites-les revenir jusqu'à ce que la viande soit cuite. En mélangeant bien, ajoutez le pain, le jus d'orange, la purée de pommes de terre et l'assaisonnement pour volaille; salez et poivrez au goût. Déposez sur la citrouille, dans le plat allant au four, et saupoudrez de fromage.

Faites cuire au four pendant une quarantaine de minutes ou jusqu'à ce que le fromage soit bien doré.

Les pâtisseries et desserts

Beignes aux patates

Ingrédients

7,5 ml de beurre
175 ml de sucre
3 œufs
250 ml de pommes de terre, en purée
80 ml de lait
375 ml de farine
7,5 ml de poudre à pâte (levure chimique)
2,5 ml de sel

Préparation

Défaites le beurre, ajoutez le sucre et battez; ajoutez les œufs, les pommes de terre et le lait. Tamisez ensuite la farine, la poudre à pâte et le sel, et ajoutez-les au mélange.

Roulez la pâte très légèrement à 1,5 cm d'épaisseur. Taillez à l'emporte-pièce et faites frire dans l'huile.

Biscuits au café

Ingrédients

250 ml de graisse

750 ml de cassonade

3 œufs

1 litre de farine

10 ml de bicarbonate de sodium

10 ml de crème de tartre

5 ml de sel

375 ml de café fort

5 ml de vanille

Préparation

Préchauffez le four à 180 °C.

Dans un bol, défaites en crème la graisse et la cassonade, et ajoutez les œufs, un à la fois, en brassant bien.

Dans un autre bol, mélangez bien la farine, la crème de tartre et le sel. Incorporez dans le premier bol, en alternant avec le café, puis ajoutez la vanille. Déposez la pâte à la cuillère sur une plaque à biscuits graissée.

Faites cuire au four pendant 15 minutes.

Biscuits aux bananes et aux brisures de caramel

Ingrédients

260 ml de farine

10 ml de poudre à pâte (levure chimique)

2,5 ml de sel

1 ml de bicarbonate de sodium

250 ml de sucre

180 ml de beurre ramolli

5 ml de vanille

2 œufs

1 paquet (300 g) de brisures de caramel

250 ml de bananes mûres, écrasées

Préparation

Préchauffez le four à 200 °C.

Dans un bol, tamisez la farine, la poudre à pâte, le sel et le bicarbonate de sodium.

Dans un autre bol, mélangez bien le sucre, le beurre, la vanille et les œufs. Incorporez à la préparation les ingrédients secs, les brisures de caramel et les bananes, en brassant délicatement. Déposez la pâte à la cuillère sur une plaque à biscuits graissée.

Faites cuire au four pendant 15 minutes.

Bouchées de meringue

Ingrédients

> 2 blancs d'œufs
> 125 ml de sucre à fruits
> 7,5 ml de vanille

Préparation

Préchauffez le four à 125 °C.

Montez les blancs d'œufs en neige, en incorporant graduellement le sucre et la vanille. Sur une plaque à biscuits recouverte d'un papier ciré, déposez la meringue à la cuillère.

Faites cuire au four pendant 50 minutes, ou jusqu'à ce que les bouchées soient dorées.

Bouchées au beurre d'arachide et aux raisins

Ingrédients

125 ml de beurre d'arachide crémeux
125 ml de miel liquide
5 ml de vanille
90 ml de raisins de Corinthe
75 ml de lait en poudre, non dilué
180 ml de noix de coco

Préparation

Dans un bol, mélangez bien le beurre d'arachide, le miel, la vanille et les raisins. Façonnez en petites boules tout en incorporant le lait en poudre pour rendre la préparation ferme et non collante, puis roulez les boules dans la noix de coco. Réfrigérez.

Boules de riz croustillant aux dattes

Ingrédients

125 ml de beurre
250 ml de dattes
90 ml de sucre
500 ml de riz soufflé (de type Rice Krispies)

Préparation

Dans une casserole, déposez le beurre, les dattes et le sucre. Faites cuire jusqu'à ce que les dattes soient bien tendres. Laissez refroidir 10 minutes. Ajoutez le riz soufflé, et façonnez des petites boules.

Croustillant aux pommes

Ingrédients

6 pommes, coupées en morceaux
60 ml de sucre
1 ml de cannelle
180 ml de cassonade blonde ou dorée
125 ml de farine
60 ml de beurre ramolli

Préparation

Préchauffez le four à 180 °C.

Dans un bol, mélangez les pommes, le sucre et la cannelle. Déposez dans un moule rectangulaire graissé.

Dans un autre bol, mélangez la cassonade, la farine et le beurre. Étendez sur les pommes. Faites cuire au four pendant 35 minutes.

Délice aux fraises

Ingrédients

500 ml de biscuits Graham émiettés
125 ml de beurre fondu
60 ml de cassonade
125 ml de crème fouettée
2,5 ml de vanille
1 paquet de fromage à la crème
250 ml de sucre à glacer
10 fraises fraîches, coupées en deux

Préparation

Dans un bol, mélangez bien les biscuits, le beurre et la cassonade. Déposez dans un moule en tassant bien.

Dans un autre bol, déposez la crème fouettée et la vanille. Ajoutez graduellement le fromage, en brassant, jusqu'à ce que la préparation soit onctueuse, puis incorporez le sucre. Versez sur les biscuits, dans le moule. Déposez les fraises sur le dessus.

Réfrigérez au moins 8 heures avant de servir.

Gâteau aux fruits

Ingrédients

500 ml de raisins secs

250 ml d'amandes

250 ml de fruits confits, mélangés

125 ml de café fort

125 ml de graisse

125 ml de beurre, défait en crème

375 ml de sucre

6 œufs, battus

10 ml de poudre à pâte (levure chimique)

5 ml de soda à pâte

1,2 ml de sel

Préparation

Préchauffez le four à 120 °C.

Dans un bol, déposez les raisins secs, les amandes, les fruits confits et le café, et laissez tremper pendant 12 heures, en brassant 2 ou 3 fois pendant cette période.

Dans un autre bol, mélangez bien tous les autres ingrédients. Incorporez-y les fruits du premier bol, en brassant bien. Versez dans un moule carré de 20 cm graissé. Faites cuire au four pendant 3 heures.

Laissez refroidir avant de démouler.

Gâteau éponge jaune

Ingrédients

4 blancs d'œufs
1 ml de sel
160 ml de sucre
4 jaunes d'œufs
10 ml de jus de citron
1 ml de zeste de citron finement râpé
80 ml de farine

Préparation

Préchauffez le four à 140 °C.

Montez les blancs d'œufs en neige, en incorporant graduellement la moitié du sucre, jusqu'à l'obtention de pics. Réservez. Battez les jaunes d'œufs et ajoutez peu à peu l'autre moitié du sucre. Ajoutez le zeste et le jus de citron, ainsi que le sel, à ce dernier mélange.

Tamisez la farine. Réservez.

Incorporez les jaunes aux blancs d'œufs jusqu'à ce que le mélange soit homogène ; ajoutez la farine et brassez pour qu'elle s'incorpore bien au mélange. Versez dans un moule carré non beurré et faites cuire au four de 50 à 60 minutes.

Gâteau aux pêches

Ingrédients

Pour le mélange de pêches
2 boîtes de 796 ml de pêches en conserve
30 ml de beurre
120 ml de cassonade
15 ml de farine
60 ml de sirop de pêches
5 ml de vanille

Pour la pâte
2 œufs battus
250 ml de cassonade
60 ml de beurre mou
200 ml de farine
5 ml de poudre à pâte (levure chimique)
2 ml de sel

Préparation

Préchauffez le four à 190 °C.

Pour le mélange de pêches

Commencez par égoutter les conserves de pêches avant de les couper en quartiers. Faites fondre le beurre, puis ajoutez la cassonade, la farine, le sirop de pêches et la vanille. Mélangez. Ajoutez les pêches. Étendez bien le mélange dans un moule carré.

Pour la pâte

Dans un autre bol, mélangez tous les autres ingrédients jusqu'à l'obtention d'un mélange homogène. Déposez la pâte sur les pêches.

Faites cuire au four environ 40 minutes, ou jusqu'à ce que la pâte soit bien dorée.

Galettes aux pommes

Ingrédients

> 125 ml de graisse
> 500 ml de farine
> 250 ml de compote de pommes
> 180 ml de sucre
> 5 ml de poudre à pâte (levure chimique)
> 5 ml de soda à pâte
> 1,5 ml de sel
> 1,5 ml de cannelle

Préparation

Préchauffez le four à 180 °C.

Dans un bol, défaites la graisse et incorporez tous les autres ingrédients. Déposez à la cuillère sur une plaque à biscuits graissée.

Faites cuire au four de 10 à 12 minutes.

Gâteau aux raisins

Ingrédients

500 ml de farine
5 ml de sel
5 ml de soda à pâte
250 ml de raisins secs
250 ml de sucre
90 ml de graisse, ramollie
5 ml de cannelle
500 ml de compote de pommes

Préparation

Préchauffez le four à 180 °C.

Dans un bol, tamisez la farine, le sel et le soda à pâte. Ajoutez les raisins, le sucre, la graisse et la cannelle. Mélangez bien et incorporez la compote de pommes. Versez dans un moule légèrement graissé.

Faites cuire au four pendant 75 minutes.

Moelleux au beurre d'arachide

Ingrédients

425 ml de farine
15 ml de poudre à pâte (levure chimique)
2,5 ml de sel
4 œufs
125 ml de beurre d'arachide crémeux
125 ml de beurre ramolli
375 ml de sucre
250 ml de lait

Préparation

Préchauffez le four à 180 °C.

Dans un bol, tamisez la farine, la poudre à pâte et le sel.

Dans un autre bol, battez en crème les œufs, le beurre d'arachide et le sucre. Incorporez les ingrédients secs, en alternant avec le lait. Versez dans un moule à gâteau graissé.

Faites cuire au four pendant 45 minutes, ou jusqu'à ce que le centre du gâteau soit cuit.

Muffins à la citrouille

Ingrédients

250 ml de farine
250 ml de flocons d'avoine
60 ml de flocons de son
15 ml de poudre à pâte (levure chimique)
3 ml de sel
3 ml de cannelle
1 œuf
250 ml de sucre
250 ml de lait
60 ml de beurre fondu
500 ml de pulpe de citrouille, en petits dés

Préparation

Préchauffez le four à 200 °C.

Dans un bol, mélangez la farine, les flocons d'avoine et de son, la poudre à pâte, le sel et la cannelle.

Dans un autre bol, fouettez l'œuf, le sucre, le lait et le beurre. Faites un puits au centre et versez-y les ingrédients secs. Mélangez jusqu'à ce que la préparation soit homogène, et incorporez la citrouille. Versez dans les moules à muffins.

Faites cuire au four pendant 20 minutes, puis laissez reposer une dizaine de minutes avant de démouler.

Muffins au gruau et aux raisins

Ingrédients

250 ml de lait

250 ml de gruau

30 ml de graisse végétale

1 œuf battu

250 ml de farine de blé

125 ml de cassonade

15 ml de poudre à pâte (levure chimique)

3 ml de sel

125 ml de raisins secs, légèrement enfarinés

Préparation

Préchauffez le four à 200 °C.

Dans une casserole, à feu moyen, faites frémir le lait; ajoutez le gruau et la graisse végétale. Laissez refroidir. Dès que le mélange est refroidi, incorporez l'œuf battu.

Dans un bol, mélangez la farine, la cassonade, la poudre à pâte et le sel. Faites un puits au centre et versez-y la préparation précédente. Brassez jusqu'à ce que le mélange soit homogène, et incorporez alors les raisins. Versez dans les moules à muffins.

Faites cuire au four pendant 20 minutes. Laissez reposer une dizaine de minutes avant de démouler.

Pain à la cannelle

Ingrédients

250 ml de farine

15 ml de poudre à pâte (levure chimique)

125 ml de sucre

2,5 ml de cannelle

1 pincée de sel

1 œuf battu

125 ml de lait

60 ml de beurre ramolli

30 ml de sucre granulé

Préparation

Préchauffez le four à 190 °C.

Dans un bol, tamisez la farine, la poudre à pâte, le sucre, la cannelle et le sel.

Dans un autre bol, mélangez l'œuf battu, le lait et le beurre fondu, puis incorporez à la préparation en brassant légèrement. Versez dans un moule à pain graissé. Saupoudrez de sucre granulé sur le dessus.

Faites cuire au four pendant 15 minutes, ou jusqu'à ce que le centre du pain soit cuit.

Pain d'épice

Ingrédients

625 ml de farine
7,5 ml de bicarbonate de sodium
5 ml de gingembre
5 ml de cannelle
2,5 ml de clou de girofle
2,5 ml de sel
125 ml de graisse
125 ml de sucre
1 œuf battu
250 ml de mélasse
250 ml d'eau chaude

Préparation

Préchauffez le four à 180 °C.

Dans un bol, mélangez la farine, le bicarbonate, le gingembre, la cannelle, le clou de girofle et le sel.

Dans un autre bol, battez en crème la graisse et le sucre. Ajoutez l'œuf battu et la mélasse, puis incorporez les ingrédients secs en alternant avec l'eau chaude. Fouettez jusqu'à ce que la préparation soit homogène. Versez dans un moule graissé de 20 cm.

Faites cuire au four pendant 35 minutes, ou jusqu'à ce que le centre du pain d'épice soit cuit.

Pouding à la citrouille

Ingrédients

500 ml de lait
500 ml de sucre
2 jaunes d'œufs
750 ml de purée de citrouille
2 blancs d'œufs, montés en neige
5 ml de vanille

Préparation

Préchauffez le four à 180 °C.

Dans une casserole, faites chauffer le lait, ajoutez le sucre, les jaunes d'œufs et la purée de citrouille. Laissez refroidir, puis incorporez les blancs d'œufs montés en neige et la vanille. Versez dans un plat beurré.

Faites cuire au four pendant 30 minutes.

Renversé au chocolat et aux fraises

Ingrédients

Pour la garniture
60 ml de beurre fondu
250 ml de sucre blanc
180 ml de cassonade
750 ml de fraises, en morceaux

Pour la pâte
875 ml de farine
10 ml de soda à pâte
2,5 ml de sel
500 ml de sucre
60 ml de cacao
90 ml de beurre ramolli
2 œufs battus
500 ml de lait
5 ml de vanille

Préparation

Préchauffez le four à 180 °C.

Pour la garniture

Versez le beurre dans un moule à gâteau standard de 20 cm. Ajoutez le sucre et la cassonade, puis garnissez le fond avec les fraises.

Pour la pâte

Dans un bol, tamisez la farine, le soda à pâte et le sel. Ajoutez le sucre, le cacao, le beurre et les œufs, et battez en crème. Incorporez le lait et la vanille. Versez doucement sur les fraises.

Faites cuire au four pendant 40 minutes. Laissez refroidir une dizaine de minutes, puis renversez dans une assiette de service.

Rocher à la rhubarbe et aux fraises

Ingrédients

Pour la garniture
500 ml de fraises, coupées en deux
500 ml de rhubarbe, en morceaux
60 ml de cassonade
2,5 ml de cannelle
5 ml de miel liquide

Pour la pâte
180 ml de flocons d'avoine
90 ml de farine
60 ml de sucre
2,5 ml de cannelle
60 ml de beurre fondu

Préparation

Préchauffez le four à 165 °C.

Pour la garniture

Dans un moule carré de 20 cm légèrement graissé, déposez les fraises et la rhubarbe. Saupoudrez la cassonade et la cannelle sur les fruits, puis versez-y le miel.

Pour la pâte

Dans un bol, mélangez bien les flocons d'avoine, la farine, le sucre et la cannelle. Incorporez le beurre, et brassez jusqu'à l'obtention d'une préparation homogène. Versez sur les fruits, dans le moule.

Faites cuire au four pendant 40 minutes.

Rouleau aux fruits

Ingrédients

- 500 ml de sucre
- 350 ml d'eau bouillante
- 500 ml de farine
- 210 ml de lait
- 60 ml de graisse, ramollie
- 20 ml de poudre à pâte (levure chimique)
- 2,5 ml de sel
- 4 ou 5 pommes (ou tout autre fruit ou mélange de fruits), pelées, tranchées
- 125 ml de sucre

Préparation

Préchauffez le four à 180 °C.

Dans un plat carré d'environ 20 cm allant au four, faites dissoudre le sucre dans l'eau bouillante.

Dans un bol, mélangez la farine, le lait, la graisse, la poudre à pâte et le sel. Étendez la pâte en un grand rectangle. Étendez-y les fruits de votre choix. Saupoudrez le sucre sur les fruits. Façonnez un rouleau, et coupez en 9 tranches. Déposez-les dans le moule, sur le mélange d'eau et de sucre.

Faites cuire au four pendant 40 minutes.

Tarte à la citrouille

Ingrédients

250 ml de pulpe de citrouille, en gros dés
60 ml d'eau
50 ml de pommes, pelées, en dés
50 ml de beurre ramolli
50 ml de sucre
100 ml de crème épaisse
3 œufs battus
2,5 ml de cannelle
1 abaisse de tarte

Préparation

Préchauffez le four à 180 °C.

Dans une casserole, déposez la citrouille et l'eau. Couvrez et faites cuire, à feu doux, pendant une vingtaine de minutes ou jusqu'à ce que la pulpe soit en purée. Retirez le couvercle, et continuez la cuisson jusqu'à ce que le liquide soit évaporé. Ajoutez tous les autres ingrédients, et versez sur l'abaisse de tarte.

Faites cuire au four pendant 30 minutes.

Tarte à la farlouche

Ingrédients

1 abaisse de tarte, cuite
80 ml de mélasse
750 ml d'eau froide
250 ml de cassonade
Zeste d'orange, haché finement
Muscade, au goût
90 ml de fécule de maïs

Préparation

Mélangez la mélasse, l'eau, la cassonade, le zeste d'orange et la muscade, puis faites bouillir le tout à gros bouillon. Dissolvez la fécule de maïs dans un peu d'eau froide et ajoutez au mélange. Faites épaissir en brassant bien. Retirez du feu et laissez mijoter pendant quelques minutes encore. Laissez refroidir en brassant.

Versez dans une abaisse cuite.

Tarte aux fraises et à la rhubarbe

Ingrédients

1 abaisse de tarte, précuite
200 ml de rhubarbe, blanchie, en morceaux
100 ml de fraises fraîches, en morceaux
100 ml de sucre
100 ml de crème fraîche
3 œufs
15 ml de farine

Préparation

Préchauffez le four à 180 °C.

Déposez la rhubarbe et les fraises sur l'abaisse de tarte.

Dans un bol, mélangez délicatement le sucre, la crème fraîche, les œufs et la farine. Versez sur les fruits.

Faites cuire au four pendant 30 minutes.

Les sucreries

Beurre d'érable

Ingrédients

> 500 ml de cassonade
> 250 ml de lait
> 125 ml de farine
> 15 ml de beurre
> 5 ml d'essence d'érable

Préparation

Dans une casserole, mélangez la cassonade, le lait, la farine et le beurre. Faites cuire, à feu doux et en brassant régulièrement, jusqu'à l'obtention de la consistance désirée. Retirez du feu et incorporez l'essence d'érable.

Guimauves au chocolat et au caramel

Ingrédients

> 1 boîte de lait condensé (de type Eagle Brand)
> 15 ml de beurre
> 1/2 paquet de brisures de chocolat mi-sucré
> 1/2 paquet de brisures de caramel
> 1 sac de guimauves miniatures de couleur
> 250 ml de noix hachées

Préparation

Dans une casserole, déposez le lait, le beurre ainsi que les brisures de chocolat et de caramel, et faites chauffer à feu doux jusqu'à ce que les brisures soient fondues. Retirez du feu et ajoutez les guimauves et les noix. Versez dans un plat tapissé de papier ciré.

Réfrigérez 2 heures avant de couper en carrés.

Macarons au chocolat

Ingrédients

500 ml de sucre
90 ml de cacao
125 ml de lait
125 ml de beurre
750 ml de gruau
250 ml de noix de coco

Préparation

Dans une casserole, mélangez le sucre et le cacao, puis ajoutez le lait et le beurre. Portez à ébullition. Incorporez le gruau et la noix de coco.

Déposez la pâte à la cuillère sur un papier ciré et laissez refroidir.

Macarons au beurre d'arachide

Ingrédients

500 ml de sucre
90 ml de cacao
125 ml de lait
60 ml de beurre
750 ml de gruau
125 ml de beurre d'arachide, crémeux ou croquant
10 ml de vanille

Préparation

Dans une casserole, mélangez le sucre et le cacao. Ajoutez le lait et le beurre, et portez au point d'ébullition, en brassant constamment. Faites bouillir 2 minutes et retirez du feu. Ajoutez tous les autres ingrédients, et formez des petites boules. Déposez sur un papier ciré.

Laissez refroidir au moins 1 heure avant de servir.

Pommes au sucre

Ingrédients

1,25 litre de sucre
285 ml d'eau très chaude
270 ml de sirop de maïs
7,5 ml de vinaigre
Quelques gouttes de colorant rouge
4 pommes, piquées de bâtons de « popsicle »

Préparation

Dans une casserole, faites dissoudre le sucre dans l'eau. Ajoutez le sirop de maïs et le vinaigre. Faites cuire à feu moyen, jusqu'à ce que la préparation se sépare en filaments durs.

Retirez du feu, ajoutez le colorant et trempez-y les pommes.

Pommes au sucre en pâte

Ingrédients

2 boules de pâte à tarte maison, à la température de la pièce
4 pommes entières, sans le cœur
Sucre

Préparation

Préchauffez le four à 200 °C.

Façonnez la pâte en 4 abaisses de même grandeur. Déposez une pomme au centre de chacune d'elles. Remplissez le centre des pommes de sucre, jusqu'à ce qu'il se déverse un peu de chaque côté. Relevez la pâte de façon que les pommes soient entièrement enveloppées. Déposez-les sur une plaque à biscuits graissée.

Faites cuire au four pendant 20 minutes.

Sucre à la crème

Ingrédients

500 ml de sirop d'érable
15 ml de sirop de maïs
180 ml de crème légère
15 ml de vanille

Préparation

Dans une casserole à fond épais, versez le sirop d'érable, le sirop de maïs et la crème, et laissez bouillir, sans brasser, jusqu'à 117 °C (ou jusqu'à ce que le mélange forme une boule molle). Laissez tiédir jusqu'à 50 °C, et commencez à brasser jusqu'à épaississement. Ajoutez la vanille. Versez dans un plat beurré. Laissez bien refroidir avant de découper en carrés.

Tire à la mélasse

Ingrédients

125 ml de mélasse
375 ml de sucre
125 ml d'eau froide
45 ml de beurre
20 ml de vinaigre
0,5 ml de crème de tartre
Une pincée de soda à pâte

Préparation

Mesurez très soigneusement les ingrédients, sauf le beurre et le soda à pâte, et versez-les dans une casserole. Couvrez, faites chauffer à feu doux et laissez cuire une minute. Réduisez le feu légèrement et retirez le couvercle. Faites cuire jusqu'à ce que la température atteigne 120 °C. Ajoutez alors le beurre et faites cuire à nouveau jusqu'à atteindre 130 °C. Ajoutez le soda à pâte et brassez bien.

Retirez du feu et versez sur une tôle beurrée. Laissez refroidir à la température de la pièce. Étirez jusqu'à ce que la tire devienne d'un beau blond doré. Coupez en bouchées.

Table des matières

Les bases

Les chutneys, ketchups, confitures et marmelades

Les «à-côtés»

Les crèmes, soupes et potages

Les plats principaux

Les pâtisseries et desserts

Les sucreries

Achevé d'imprimer sur les presses de
Quebecor World Saint-Romuald.

Imprimé sur du papier Quebecor Enviro 100 % postconsommation,
traité sans chlore, accrédité Éco-Logo et fait à partir de biogaz.

certifié   procédé   100 % post-   archives   énergie
          sans   consommation   permanentes   biogaz
          chlore